© **Copyright 2024 par Louise FONTIES - Tous droits réservés.**

Le contenu de ce livre ne peut être reproduit, dupliqué ou transmis sans l'autorisation écrite de l'auteur ou de l'éditeur.

© **Copyright 2024 by Louise FONTIES - All rights reserved.**

The content contained within this book may not be reproduced, duplicated, or transmitted without direct written permission from the author or the publisher.

Grammaire française

Louise FONTIES

Table des matières

Introduction *10*

PREMIERE PARTIE *11*

-Alphabet et Phonétique- *11*

I. La classification des lettres 11
1) Les voyelles simples et les voyelles composées 12
   Les voyelles simples 12
   Les voyelles composées 12
2) Les consonnes 13
   Les labiales 13
   Les dentales 13
   Les palatales 13

II. L'écriture des sons 14
1) L'écriture des sons [s] et [z] 14
2) L'écriture du son [k] 15
3) L'écriture du son [ã] 16
4) L'écriture du son [ɛ̃] 16
5) L'écriture du son [f] 17
6) L'écriture du son [j] 17
7) L'écriture du son [g] 18
8) L'écriture du son [ʒ] 18
9) Les écritures des sons [ə], [œ], [ø] 19
10) L'écriture du son [õ] 19

III. L'écriture des finales sonores 20
1) Les mots finissant par les sons [ɔm], [om], [ɛn], [am] 20
2) Les noms finissant par le son [o] 20
3) Les noms finissant par le son [ɛ] 21
4) Les noms finissant par le son [e] 22
5) Les noms finissant par les sons [i] et [y] 23
6) Les noms finissant par les sons [u] et [wa] 24
7) Les noms finissant par les sons [œr] et [war] 25
8) Les noms finissant par le son [l] 25
   Les noms terminés par le son [al] 25
   Les noms terminés par le son [ɛl] 26
   Les noms terminés par le son [il] 26
   Les noms terminés par les sons [ɔl] et [ol] 26
   Les noms terminés par le son [yl] 26
9) Les noms finissant par [aʁ], [ɛʁ], [iʁ], [oʁ], [yʁ] 27
10) Les noms finissant par le son [ãs] 28

-Les signes de la langue écrite- 29

I. Les accents aigus, graves et circonflexes 29
1) L'accent aigu 29
2) L'accent grave 29
3) L'accent circonflexe 29

II. Les signes orthographiques 31
1) Le tréma 31
2) La cédille 31
3) Le trait d'union 31
4) L'apostrophe 31

III. Les signes de ponctuation 32
1) Le point 32
2) Le point d'interrogation 32
3) Le point d'exclamation 32
4) La virgule 32
5) Le point-virgule 33
6) Les points de suspension 33
7) Les deux points 33
8) Les guillemets 34
9) Les parenthèses 34
10) Le tiret 34
11) Les majuscules 34

DEUXIEME PARTIE 37

-Les neuf classes grammaticales- 37

I. Le nom 39
1) Le genre des noms 39
2) La formation du féminin dans les noms 39
3) Le nombre du nom 41
4) Le pluriel des noms composés 43
5) Le groupe nominal 43

II. les déterminants 44
1) L'article 45
    Les articles définis : le, la, l', les 45
    Les articles indéfinis : un, une, des 45
    Les articles partitifs : du, des, de la, de l' 45
2) Les adjectifs 46
    Les adjectifs possessifs 46
    Les adjectifs démonstratifs 46
    Les adjectifs interrogatifs et exclamatifs 47
    Les adjectifs numéraux 48
    Les adjectifs indéfinis 49

III. L'adjectif qualificatif 51
1) La formation du féminin 51
2) La formation du pluriel 54
3) Les adjectifs composés 55
4) Les adjectifs de couleur 56
5) Les degrés de qualification des adjectifs qualificatifs 57
   - Le positif 57
   - Le comparatif 57
   - Le superlatif 58

IV. Les adverbes 59
1) Leurs rôles 59
   - Les adverbes apportent des précisions 59
   - Les adverbes modifient le sens 60
2) Les degrés de qualification des adverbes 60
   - Le positif 60
   - Le comparatif 60
   - Le superlatif 61

V. Les pronoms 62
1) Les pronoms possessifs 62
   - Leurs rôles 62
   - Leurs formes 62
   - L'accord et l'emploi des pronoms possessifs 64
2) Les pronoms démonstratifs 65
   - Leurs rôles 65
   - Leurs formes 65
   - L'emploi du pronom démonstratif 66
3) Les pronoms relatifs 68
   - Leurs rôles 68
   - Leurs formes 68
   - Les accords du pronom relatif 69
   - L'emploi des pronoms relatifs 69
4) Les pronoms indéfinis 72
   - Leurs rôles 72
   - Leurs formes 72
   - L''emploi du pronom indéfini 74
5) Les pronoms interrogatifs 77
   - Leurs rôles 77
   - Leurs formes 77
   - La place des pronoms interrogatifs 78
   - L'emploi des pronoms interrogatifs 78
6) Les pronoms personnels 80
   - Leurs rôles 80
   - Leurs formes 80
   - Les fonctions et l'emploi des pronoms personnels 82
   - La place du pronom personnel 85
   - Le pronom personnel réfléchi 87

VI. Le verbe 88
1) Les modifications grammaticales du verbe 88
2) Les catégories de verbes 89
   - Les verbes d'état 89
   - Les verbes d'action : transitifs et intransitifs 89
   - Les verbes passifs 92
   - Les verbes pronominaux 92
   - Les verbe impersonnels 93
3) L'accord du verbe 94
   - La règle générale 94
   - Les cas particuliers de l'accord du verbe 94
   - Le participe 96
   - Le participe présent 96
   - Le participe passé 97
4) Les différents sujets du verbe 99

VII. Les prépositions 100
- Emploi de la préposition 100

VIII. Les conjonctions 103
1) Les conjonctions de coordination 103
2) Les conjonctions de subordination 104

IX. Les interjections 105

TROISIEME PARTIE 107

-La phrase et les propositions- 107

I. La phrase simple ou proposition indépendante 107
1) La phrase déclarative simple 108
   - La négation : ne...pas 108
   - La négation : ne...jamais ; ne...plus 109
   - La négation : ne...rien 109
   - La négation : ne...personne 109
   - La négation : ne...aucun 110
2) La phrase interrogative 112
   - L'interrogation directe 112
   - L'interrogation indirecte 114
3) La phrase exclamative 115
4) La phrase impérative 116

II. La phrase complexe 118
1) Les propositions coordonnées et juxtaposées 118
   - La proposition coordonnée 118
   - La proposition juxtaposée 118
2) Les propositions subordonnées 119
   - La proposition subordonnée relative 119
   - Les propositions subordonnées complétives 119
   - La proposition circonstancielle 121
   - La proposition subordonnée participe 121

-Les fonctions grammaticales- 123

I. Les fonctions grammaticales par rapport au verbe 123
1) Le sujet 123
2) Le complément d'objet 124
   - Le complément d'objet direct 124
   - Le complément d'objet indirect 125
   - Le complément d'objet second 126
3) Le complément essentiel à valeur circonstancielle 127
4) L'attribut du sujet 128
5) L'attribut du complément d'objet direct 129
6) Le complément d'agent 130

II. Les fonctions grammaticales par rapport au nom 131
1) L'apposition 131
2) L'épithète 131
3) Le complément du nom 132

III. La fonction grammaticale en rapport avec la phrase : le complément circonstanciel. 134

QUATRIEME PARTIE 139

-Conjugaison- 139

I. L'identification du verbe 139
1) Le passé, le présent, le futur 139
2) Les personnes de la conjugaison 140
3) Modifications du verbe selon le temps et la personne 140
4) L'infinitif du verbe et les trois groupes 140
5) Les deux parties du verbe : le radical et la terminaison 141
6) Les verbes irréguliers : les verbes du 3ème groupe et les verbes défectifs 141
7) Être et Avoir 142
   - Emploi de Être 142
   - Emploi de Avoir 143

II. Les modes et les temps 146
1) Les modes 146
   - Le mode infinitif 146
   - Le mode participe 146
   - Le mode indicatif 146
   - Le mode impératif 147
   - Le mode conditionnel 147
   - Le mode subjonctif 147
2) Les temps 147
   - Le présent de l'indicatif 147
   - Le futur de l'indicatif 149
   - L'imparfait de l'indicatif 149
   - Le plus-que-parfait de l'indicatif 150
   - Le passé simple de l'indicatif 150
   - Le passé antérieur de l'indicatif 151
   - Le passé composé de l'indicatif 152

L'impératif 153
Le conditionnel 154
Le subjonctif 155
L'infinitif 157
Les participes 158

III. Le futur proche et le passé récent 159
1) Le futur proche 159
2) Le passé récent 159

IV. La conjugaison des verbes pronominaux 160
1) La place des pronoms réfléchis 160
2) L'accord du participe passé des verbes pronominaux 161
3) Les verbes pronominaux de sens réciproque 162

V. La conjugaison des verbes à la voix passive 162

VI. La conjugaison des verbes impersonnels 162

VII. La conjugaison interrogative 163

-Tableaux de conjugaison- 164

I. Liste des 52 verbes conjugués 164

II. Tableaux 165
1) Tableaux de conjugaison des 52 verbes 165
2) Tableau de conjugaison du verbe pronominal « se moquer » 218
3) Tableau de conjugaison du verbe « aimer » à la voix passive 219
4) Tableau de conjugaison du verbe « aimer » à la forme interrogative 220

Remerciements 221

Introduction

Ce livre s'adresse à tous ceux qui, en classe ou à la maison, désirent trouver les bonnes réponses aux difficultés que pose la langue française.

Les termes grammaticaux sont expliqués simplement au fur et à mesure de leur apparition.

Le livre vise à fournir une compréhension claire et très complète des différents aspects de la grammaire française, de l'orthographe et de la conjugaison.

Pour atteindre cet objectif, le livre présente chaque concept de grammaire de manière détaillée, accompagné d'exemples concrets pour montrer comment chaque notion est utilisée dans des phrases réelles.

Même le lecteur plus avancé dans la maîtrise de la langue française trouvera dans ce livre matière à se perfectionner et pourra repérer facilement l'information recherchée en utilisant la table des matières.

PREMIERE PARTIE
-Alphabet et Phonétique-

I. La classification des lettres

L'alphabet français se compose de 26 lettres.

A	N
B	O
C	P
D	Q
E	R
F	S
G	T
H	U
I	V
J	W
K	X
L	Y
M	Z

Les lettres de l'alphabet français sont divisées en deux catégories. : les voyelles et les consonnes

Il y a 6 voyelles : **a, e, i, o, u, y** et 20 consonnes : **b, c, d, f, g, h, j, k, l, m, n, p, q, r, s, t, v, w, x, z**

Les voyelles constituent un son par elles-mêmes, alors que les consonnes ne peuvent former un son qu'avec l'aide d'une voyelle.

1) Les voyelles simples et les voyelles composées

Les voyelles simples

Les voyelles simples : **a, e, i, o, u, y** sont formées par une seule lettre, comme : **a**mi ; **i**mage ; **o**bèse ; **u**tile

▶ La voyelle simple « e »

Il existe trois sortes d'**e** :

- L'**e** muet qui se prononce à peine, dans les mots comme : tabl**e** ; port**e** ; ros**e**
- L'**e** fermé qui se prononce la bouche presque fermée, dans les mots comme : caf**é** ; vérit**é** ; n**e**z ; coch**e**r
- L'**e** ouvert qui se prononce la bouche plus ouverte, dans les mots comme : m**e**r ; p**è**re ; m**è**re ; t**e**rre

▶ La voyelle simple « y »

- Lorsque la voyelle **y** se trouve à l'intérieur d'un mot et est précédé d'une autre voyelle, elle se prononce comme **deux i** : pa**y**s ; jo**y**eux ; cito**y**en ; do**y**en
- Dans les autres cas, l'**y** se prononce comme un simple **i** : st**y**le ; jur**y** ; anal**y**se

Les voyelles composées

Les voyelles composées sont formées de plusieurs lettres qui forment un son unique : **eau, au, ou, ai, ei, eu.** Comme dans les mots : b**eau** ; é**pau**le ; l**ou**p ; bal**ai** ; p**ei**ne ; b**eu**rre

> ⚠ Les voyelles simples et les voyelles composées peuvent être brèves ou longues.

▶ Les diphtongues

On appelle diphtongue la réunion de deux ou trois voyelles qui se prononcent en une seule émission de voix, mais font entendre deux sons distincts comme :
ia dans d**ia**ble
iai dans b**iai**s
ie dans c**ie**l
ieu dans p**ieu**
aï dans **aï**l

▶ Les voyelles nasales

Une voyelle est dite nasale lorsqu'elle est prononcée en partie avec le nez.

Les voyelles simples ou composées et **les diphtongues deviennent nasales** lorsqu'elles sont **suivies** des consonnes **m** ou **n** ; la consonne, en **se prononçant en même temps que la voyelle**, lui donne alors une résonnance nasale.

Par exemple : t**om**ber ; m**on**ter ; v**ian**de ; s**yn**cope ; **en**sem**b**le

De même, lorsque **m** ou **n** terminent le mot, la voyelle est dite nasale : p**ain** ; ch**ien** ; l**oin** ; br**un** ; parf**um**

2) Les consonnes

Les consonnes sont classées en trois catégories, correspondant aux différentes manières de les prononcer et aux organes qui servent à les articuler :

Les labiales

Elles sont formées par le mouvement des lèvres : il s'agit des consonnes **b, f, m, p, v**, comme dans :
Bain ; **f**emme ; **m**asque ; **p**apa ; **v**oile

Les dentales

Elles sont prononcées par l'appui de la langue contre les dents : **d, l, n, s, t, z**, comme dans :
Dent ; **n**uit ; **s**uie ; **t**ige ; **z**èbre

Les palatales

Elles se prononcent du palais : **c, g, j, k, q, r**, comme dans :
Cale ; **g**arde ; **k**oala ; **q**uille ; **r**ite

Remarque :

▶ La lettre **x** est une consonne double qui se prononce **ks** (luxe) ou **gz** (exemple).

▶ La lettre **w** peut avoir le son d'un **v** (wagon).

▶ La consonne **h** est muette ou aspiré :

➢ Elle est muette lorsqu'elle ne se prononce pas et qu'elle n'empêche pas la liaison :

L'‿homme ; des‿hommes

➢ Elle est aspirée lorsqu'au début d'un mot, elle se prononce avec une sorte d'aspiration et empêche la liaison avec le mot précédent.

Le **h**éros, les **h**éros (l'**h** est aspiré et le **s** de **les** ne se lie pas avec héros)

▶ **l** et **n** sont appelés **l mouillé** et **n mouillé** lorsqu'ils **produisent un son plus doux** et délayé :

Bille ; agneau

Les consonnes se prononcent avec plus ou moins d'intensité et de force.

On peut ainsi distinguer les consonnes fortes **p, t, q, f, r**, des consonnes douces **d, b, z, j, v**.

II. L'écriture des sons

1) L'écriture des sons [s] et [z]

L'écriture du son [s]

✓ **Règle générale du son [s]**
Le son [s] s'écrit généralement **c, ç** ou **ss**.

- c -
Placée devant les voyelles **y, i** ou **e**, la lettre **c** forme les sons [si] et [se].
Exemples : un **cy**gne, un **ci**néma, une **cé**rémonie.

- ç -
La **cédille** s'utilise toujours devant les voyelles **a, o** et **u** pour former le son [s].
Exemples : Un gar**ç**on ; je pla**ç**ais ; nous avan**ç**ons.

⚠️ **Sans la cédille, les sons obtenus avec les voyelles a, o et u font [ka], [ko] et [ky].**
Exemples : **ca**hier ; **co**loré ; **cu**be.

- ss -
Si deux **s** se suivent **(ss), ils forment toujours le son [s]**.
Exemples : poi**ss**on ; a**ss**ez

✓ **Autres écritures du son [s]** : **s, t, sc** ou **x** dans des conditions précises.
Le son [s] s'écrit également :

- s -
La lettre **-s** se prononce [s] **en début de mot** ou **entre 2 consonnes** ou **entre une voyelle et une consonne**.
Exemples : une **s**alade, un in**s**pecteur, une per**s**onne

- t -
La lettre **t** devant un **i** suivi d'une voyelle forme toujours le son [s].
Exemples : une addi**ti**on ; ac**ti**on ; ambi**ti**eux.

- sc -
Les lettres **sc** placées devant un **i** ou un **e** peuvent former le son [s].
Exemples : une **sc**ie ; un a**sc**enseur.

Mais placées devant la voyelle **a** les lettres **sc** forment le son [k]. Exemples : un **sc**andale ; un **sc**arabée.

- x -
Placée en fin de mot, la lettre **x** forme le son [s] dans les nombres di**x** et si**x**.

L'écriture du son [z]

✓ Le son [z] s'écrit avec les lettres **z** et **s**

▶ **La lettre -z se prononce toujours [z].**
Exemples : un ga**z**on, bi**z**arre, **z**éro

▶ **La lettre -s forme toujours le son [z]** quand elle est **placée entre deux voyelles**.
Exemples : mai**s**on ; rai**s**in, vali**s**e

2) L'écriture du son [k]

✓ **Règle générale**
Dans la plupart des cas, le **son [k]** s'écrit : **k, c** ou **qu**.

- k -
La lettre **k** forme **toujours** le son [k].
Exemples : un **k**aya**k**, un **k**oala, un **k**épi, un tan**k**.

- c -
▶ Quand elle est placée **devant une consonne**.
Exemples : **cr**evette, **cr**apaud, ré**cr**éation.

▶ Quand elle est placée **devant** l'une de ces trois voyelles : **a, o** et **u**.
Exemples : **c**arotte, cho**c**olat, re**c**uler.

▶ Quand elle se trouve à la **fin du mot**.
Exemples : Gre**c**, Tur**c**.

⚠ Si elle précède la voyelle **e** ou **i**, la double consonne **cc** ne forme pas le son [k] mais le son [ks].
Exemples : Un a**cc**ident, un a**cc**ès.

- q -
La lettre **q** est presque toujours suivie de la lettre **u** pour former la graphie **qu**.
Exemples : un pa**qu**ebot, **qu**and, une bar**qu**e.

Mais on trouve la lettre **q** seule en finale de deux mots : co**q** et cin**q**.

✓ **Autres écritures possibles du son [k]**
Le son [k] peut parfois s'écrire : **ch, ck, cqu** ou **cch**.

- **ch**   Exemples : une **ch**orale, le **ch**olestérol.
- **ck**   Exemples : un bifte**ck**, un sto**ck**.
- **cqu** Exemple : un a**cqu**is.
- **cch** Exemple : une e**cch**ymose.

3) L'écriture du son [ã]

✓ **Les écritures du son [ã]**
Il existe quatre écritures principales du son [ã] : **an**, **am**, **en** et **em**.

Mais plusieurs autres graphies existent si l'on tient compte :

▶ de la lettre muette **h** placée au début du mot. Exemple : **h**ampe

▶ des consonnes muettes **-s, -d** et **-t** en finale. Exemples : san**s**, alleman**d**, ven**t**

Remarque : Pour retrouver la lettre muette, il faut chercher un mot de la même famille.
Exemples : allemand → allemande ; vent → venté.

▶ des pluriels dont la lettre finale **-s** est muette. Exemples : vent**s**, cadran**s**

Les règles d'écriture du son [ã]

Pour l'écriture du son [ã] on appliquera **la règle du m, b et p** :

1. On écrira toujours **em** ou **am** devant les lettres **b** ou **p**.
Exemples : **emb**aller, **emp**êcher, **amb**iance, **amp**oule.

2. On écrira toujours **em** devant la lettre **m** pour faire le son [ã] : **emm**ener

⚠ L'écriture de **am** suivie de la lettre **m** ne forme jamais le son [ã] : **amm**oniaque

4) L'écriture du son [ɛ̃]

✓ **Le son [ɛ̃]** peut s'écrire : **in, im, ain, aim, ein, eim, en, un, yn** ou **ym**.
Exemples : **in**décis, **im**bécile, tr**ain**, f**aim**, fr**ein**, R**eim**s, chi**en**, **un**, th**ym**.

✓ **Les règles d'écriture du son [ɛ̃]**

Le son [ɛ̃] peut être écrit de plusieurs façons mais l'on peut retenir quelques règles principales.

▶ **Au début du mot**

Les règles d'écriture du son [ɛ̃]

Tous les mots de la langue française qui commencent par le son [ɛ̃] s'écrivent in (ou **im** devant les lettres **b** ou **p**)
Exemples : **in**vincible, **im**possible ; **im**battable

Exceptions : **Ain** (nom propre désignant le département ou la rivière), **ain**si (adverbe).

▶ **A la fin du mot**
Il y a très peu de mots qui terminent avec les graphies **ym** ou **aim** :
Exemples : **daim, essaim, faim, thym**

5) L'écriture du son [f]

✓ Il existe trois écritures principales du son [f]. Il n'existe pas de règle pour savoir quand il faut employer telle ou telle possibilité, mais on constate des régularités.

- f -
▶ Le son [f] s'écrit **f** à l'initiale des mots (mais pas les mots empruntés au grec).
Exemples : **f**able, **f**icelle, **f**orce

▶ On trouve un simple **f** également **derrière les consonnes l, n, r** et **s**, dans des mots tels que :
Cal**f**eutrer, con**f**ort, for**f**ait, trans**f**érer

▶ Et aussi dans **le suffixe -if** : constructi**f**, attenti**f**

- ff -
▶ Le double **f** se rencontre souvent à la limite entre un préfixe et un radical, même lorsque la fabrication du mot remonte au latin.
Exemples : **diff**usion, **suff**ire, **eff**euiller

▶ On le rencontre aussi à l'intérieur de mots qui font partie du vocabulaire de base, derrière une voyelle :
C**off**re, g**aff**e, ch**iff**on, s**ouff**le, ét**off**e, gr**iff**e

▶ Les mots commençants par **-aff, -eff, -off**, s'écrivent tous avec deux **-f**.
Exemples : **aff**olement, **eff**rayant, **off**ensif

- ph -
▶ On le trouve dans de nombreux mots composés à l'aide d'éléments d'origine grecque, comme **phon**, **phil**, **phob** ou **photo**.
Exemples : ortho**phon**ie, franco**phil**e, agora**phob**e ou **photo**copie.

▶ On le trouve dans beaucoup d'autres mots d'origine grecque comme : **ph**armacie, am**ph**ithéâtre ou encore s**ph**ère.

6) L'écriture du son [j]

✓ Il existe trois écritures du son [j] : -ill, -y, -i.

- ill -
Après les voyelles **a, e,** le groupement -ill se prononce [j]. On n'entend pas le -i.
Exemples : le brou**ill**ard, une bout**eille**

Mais on prononce le son -i puis le son [j] dans : cé**dille**, che**nille**, che**ville**, **fille**

Dans quelques cas, on prononce [il] comme s'il n'y avait qu'un seul -l :
Mille, ville, imbécillité, pénicilline, bacille

⚠️ Lorsque **-ill** est précédé de **-qu** ou **-gu** : on a le son [j]. Exemples : **guill**otine, co**quille**

▶ **Mais** on a le son [il] dans **tranquille**.

- y -

Lorsque la lettre **y** est placé entre deux voyelles, on fait généralement comme s'il y avait deux **-i** écrits. L'un se lie à la voyelle qui précède et l'autre à la voyelle qui suit.

Le v**oy**age (voi-iage), une r**ay**ure (rai-iure)

▶ **Mais** : un coyote (co-yote), de la mayonnaise (ma-yonnaise)

- i -

Lorsque le son [j] suit une consonne, il s'écrit généralement **-i** ; dans ce cas, il se confond avec le son **-i** :
Un pan**i**er ; un **chi**en ; le d**i**able

7) L'écriture du son [g]

✓ Le son [g] s'écrit **-g, -gu** ou **-c**.

- g -

Lorsque la lettre **g** précède une consonne ou les voyelles **a, o** ou **u** on obtient le son [g].
Exemples : un **g**arçon, un **g**orille, une **g**uitare.

- gu -

On doit rajouter **-u** au **g** devant les voyelles **-e, -i, -y** pour avoir le son [g] sinon on a le son [ʒ].
Exemples : la va**gu**e, une **gu**itare, **Gu**y

▶ Les dérivés du mot **second** s'écrivent avec un **-c** et forment le son [g].
Exemples : **Second**, **second**aire, **second**ement, **second**er.

8) L'écriture du son [ʒ]

✓ Le son [ʒ] peut s'écrire **-j, -ge** ou **-g**.

- j -

Devant presque toutes les voyelles :
Jarre, **j**eu, **j**our, **j**us

- ge -

Devant un **a** ou un **o** et **à la fin** d'un mot :
Téchar**ge**able, pi**ge**on, plon**ge**on, maria**ge**, gara**ge**

- g -

Devant un **e**, un **i** ou un **y** :
Voya**g**e, voya**g**eur, **g**irafe, logi**g**ue, **g**ymnastique

⚠️ Le **g** devant un **a**, un **o**, un **u** ou **une consonne** se prononce [g].
La **g**are, un **g**obelet, **g**uttural, une **g**lace

9) Les écritures des sons [ə], [œ], [ø]

✓ **Les différentes graphies du son [ə]**
Le son [ə] peut s'écrire :

- **e** : premier, pelé
- **ai** : un faisan, nous faisons

Remarque :

▶ Le **on** de monsieur se prononce [ə] : M**on**sieur

▶ Le son [ə] ne se prononce pas toujours contrairement aux sons [œ] et [ø].
Exemples : un boulevard, bouleverser

✓ **Les différentes graphies du son [œ]**
Le son [œ], qui se prononce en ouvrant un peu plus la bouche, peut s'écrire :

- **eu** : quand il est suivi d'une consonne, le plus souvent un **r** : p**eu**r, h**eu**re, m**eu**ble
- **œ** : œil
- **œu** : sœur, écœurant
- **ue** : acc**ue**il, c**ue**illir
- **e, i** ou **u** dans les emprunts à l'anglais : B**e**st-seller, fl**i**rt, br**u**nch

✓ **Les différentes graphies du son [ø]**
Le son [ø], qui se prononce en avançant un peu les lèvres, peut s'écrire :

- **eu** : jeu, mieux, banlieue
- **eû** : jeûne
- **œu** : vœu

10) L'écriture du son [ɔ̃]

✓ Le son [ɔ̃] s'écrit toujours **on**.
Exemples : une mais**on**, un p**on**ton

⚠ Devant **b** et **p** il faut écrire **om** : un pl**om**bier, t**om**ber, un p**om**pier

III. L'écriture des finales sonores

1) Les mots finissant par les sons [ɔm], [om], [ɛn], [am]

✓ Les noms terminés par le son [ɔm] s'écrivent :

- **um** : un référend**um**, un alb**um**, un pépl**um**
- **omme** : une p**omme**, il se n**omme**, une s**omme**
- **om** : le slal**om**, un cédér**om**
- **ome** : un gastron**ome**

✓ Les noms terminés par le son [om] s'écrivent :

- **ôme** : un dipl**ôme**, un fant**ôme**
- **aume** : un b**aume**, la p**aume**
- **ome** : un aérodr**ome**
- **om** : tomt**om**

✓ Les mots terminés par le son [ɛn] s'écrivent :

- **en** : le lich**en**, l'abdom**en**
- **ène** : la sc**ène**, il prom**ène**
- **eine** : une bal**eine**, ser**eine**
- **aine** : la gr**aine**, la porcel**aine**
- **aîne** : une ch**aîne**, une tr**aîne**
- **enne** : une chi**enne**, une ant**enne**
- **êne** : un ch**êne**, la g**êne**

✓ Les mots terminés par le son [am] s'écrivent :

- **am** : l'isl**am**, un tr**am**
- **ame** : il s'excl**ame**, un dr**ame**
- **amme** : la fl**amme**, un gr**amme**
- **âme** : un bl**âme**, inf**âme**
- **emme** : une f**emme**

2) Les noms finissant par le son [o]

✓ Les mots terminés par le son [o] peuvent s'écrire :

- **eau** : un pinc**eau**, le cerv**eau**

▶ <u>Seulement</u> deux noms se terminant par **-eau** sont du genre féminin : **l'eau** et **la peau**

- **au** : le pré**au**, le tuy**au** d'arrosage
- **o** : le pian**o**, un lavab**o**
- **ôt** : un entrep**ôt**, un imp**ôt**
- **op** : un sir**op**, le gal**op** du cheval

Remarque :

▶ A la fin des mots terminés par **-o** ou **-au**, on trouve souvent une lettre muette (elle n'est pas prononcée) :

Le repo**s**, un escro**c**, le siro**p**

▶ Beaucoup de noms terminés par **-o** sont des noms formés en raccourcissant d'autres noms :

La photographie → la phot**o**
Une automobile → une aut**o**

3) Les noms finissant par le son [ɛ]

✓ Les mots de genre masculin terminés par le son [ɛ] s'écrivent **-et.**
Le budg**et**, le fil**et**, le parqu**et**

✓ Autres cas

Il y a d'autres terminaisons qu'il faut connaître :

- **ai** : le miner**ai**, le dél**ai**
- **ait** : le forf**ait**, le portr**ait**
- **ais** : le pal**ais**, un harn**ais**
- **ès** : l'acc**ès**, le progr**ès**
- **êt** : un arr**êt**, un pr**êt**
- **ect** : le resp**ect**, l'asp**ect**
- **ey** : le voll**ey**, un pon**ey**
- **ay** : le tramw**ay**

✓ les noms féminins terminés par le son [ɛ] s'écrivent **-aie** :
Exemples : la pl**aie**, la b**aie**, la cr**aie**

Mais : la p**aix** ; la for**êt**

Remarque :

▶ Beaucoup de noms d'habitants se terminent par **-ais** : les Fran**çais**, les Angl**ais**

▶ Beaucoup de lieux plantés d'arbres sont des noms féminins terminées par **-aie** :
La bambouser**aie**, la palmer**aie**

4) Les noms finissant par le son [e]

Les noms féminins

✓ Les noms féminins terminés par le son [e] s'écrivent **-ée**.
Exemples : une all**ée**, une bou**ée**, une chemin**ée**

✓ Les noms féminins terminés par **-té** ou **-tié** s'écrivent **-é**.
Exemples : la bont**é**, la libert**é**, la sant**é**, l'ami**tié**

Les exceptions à connaître :

➤ la cl**é** (ou la clef), l'acn**é**, une psych**é** (un grand miroir), la dict**ée**, la mont**ée**, la remont**ée**, la jet**ée**, la port**ée**, la but**ée**, la pât**ée**

▶ Les noms féminins qui indiquent un contenu finissent par **-ée** :
Une brouett**ée** de sable, une pot**ée** de choux, une nuit**ée** à l'hôtel

Les noms masculins

✓ Les mots de genre masculin terminés par le son [e] s'écrivent **-er**.
Exemples : Le pap**ier**, le dang**er**, le loy**er**

On trouve :

➢ des noms de métier : le bouch**er**, le boulang**er**, le plomb**ier**

➢ des noms d'arbres : le ros**ier**, le ceris**ier**, le frais**ier**

➢ des noms formés sur l'infinitif de verbes du 1er groupe : le dîn**er**, le soup**er**, le déjeun**er**

✓ Il y a d'autres terminaisons qu'il faut connaître.
- **é** : le caf**é**, le béb**é**, le bl**é**
- **ée** : le lyc**ée**, le mus**ée**, le troph**ée**

⚠ Certains noms terminés par le son [e] sont employés au masculin ou au féminin dont ils prennent la marque.

Un employé → une employée
Un invité → une invitée
Un réfugié → une réfugiée

5) Les noms finissant par les sons [i] et [y]

Les noms terminés par le son [y]

✓ Les noms féminins terminés par le son [y] s'écrivent **-ue**.
Exemples : la verr**ue**, la coh**ue**, la gr**ue**

> **Mais** on écrit : la trib**u**, la vert**u**, la br**u**, la gl**u**

✓ Les noms masculins terminés par le son [y] peuvent s'écrire :

- **u** : un tiss**u**, un aperç**u**
- **us** : un surpl**us**, un intr**us**
- **ut** : un sal**ut**, un b**ut**
- **ux** : un affl**ux**, un refl**ux**
- **ût** : un f**ût**, à l'aff**ût**

Les noms terminés par le son [i]

✓ Les noms féminins terminés par le son [i] s'écrivent **-ie**.
Exemples : l'autops**ie**, l'éclairc**ie**, la parod**ie**

> **Mais** on écrit : une sour**is**, une breb**is**, une fourm**i**, une nu**it**, une perdr**ix**

✓ Les noms masculins terminés par le son [i] peuvent s'écrire :

- **i** : un cr**i**, un ennem**i**
- **ie** : un paraplu**ie**, un gén**ie**
- **is** : un rad**is**, un parv**is**
- **it** : le bru**it**, l'appét**it**

> ⚠ -**Merci**- peut être du genre féminin ou du genre masculin mais s'écrit toujours avec un **-i** final.
>
> <u>Un</u> grand merci
> Nous sommes à <u>la</u> merci de la météo

6) Les noms finissant par les sons [u] et [wa]

Les noms terminés par le son [u]

✓ Les mots féminins terminés par le son **[u]** s'écrivent **-oue**.
Exemples : la j**oue**, la pr**oue**, la r**oue**.
<u>Mais</u> : la t**oux**

✓ Les mots masculins terminés par le son **[u]** peuvent s'écrire :

- **ou** : le gen**ou**, le tr**ou**, le p**ou**
- **out** : un aj**out**
- **oût** : un g**oût**, un ég**out**
- **ous** : le dess**ous**, le rem**ous**
- **oux** : un homme jal**oux**, le h**oux**

✓ Il y a d'autres noms avec des terminaisons plus rares :
Le l**oup**, le p**ouls**, le caoutch**ouc**

Les noms terminés par le son [wa]

✓ Les noms féminins terminés par le son **[wa]** peuvent s'écrire :

- **oie** : la courr**oie**, la s**oie**, la j**oie**
- **oi** : la f**oi**, la l**oi**, la par**oi**
- **oix** : la cr**oix**, la n**oix**, la v**oix**

✓ Les noms masculins terminés par le son **[wa]** peuvent s'écrire :

- **oi** : un empl**oi**, un conv**oi**, un ém**oi**
- **ois** : un m**ois**, un b**ois**, un cham**ois**
- **oit** : un endr**oit**, un t**oit**, un dr**oit**

✓ Il y a d'autres noms avec des terminaisons plus rares :
Le ch**oix**, le d**oigt**, le p**oids**, le fr**oid**

<u>**Remarque :**</u>

Beaucoup de noms d'habitants se terminent par **-ois** : les Chin**ois**, les Dan**ois**, les Bavar**ois**

7) Les noms finissant par les sons [œr] et [war]

Les noms terminés par le son [œr]

✓ Beaucoup de noms masculins et féminins terminés par le son [œr] s'écrivent **-eur** :
Le chauff**eur**, la long**ueur**, la douc**eur**, le cascad**eur**

Sauf : le b**eurre** ; la dem**eure** ; l'h**eure** ; le l**eurre**

✓ Certains noms terminés par le son [œr] s'écrivent avec un **o** et un **e** liés.
Exemples : une s**œur**, un ch**œur**, une ranc**œur**, un c**œur**

✓ Quelques adjectifs qualificatifs masculins se terminent également par **-eur**.
Exemples : C'est le meill**eur** résultat, le règlement intéri**eur**, un homme flatt**eur**

Les noms terminés par le son [war]

✓ Les noms féminins terminés par le son **[war]** s'écrivent tous **-oire**.
Exemples : l'hist**oire**, la gl**oire**, la baign**oire**

✓ Les noms masculins terminés par le son **[war]** s'écrivent tous **-oir**.
Exemples : le pouv**oir**, le dev**oir**, le désesp**oir**, le trott**oir**

Exceptions : le laborat**oire**, le répert**oire**, un interrogat**oire**, un observat**oire**

✓ Les adjectifs masculins terminés par **[war]** s'écrivent tous **-oire**.
Exemples : Un prix déris**oire**, un emploi provis**oire**, un effort mérit**oire**

Mais : un chat n**oir.**

8) Les noms finissant par le son [l]

Les noms terminés par le son [al]

✓ **Les noms masculins** terminés par le son [al] s'écrivent :

- **al** : un mét**al**, un minér**al**, un anim**al**
- **âle** : un ch**âle**, un m**âle**

Exceptions : un scand**ale**, un vand**ale**, un déd**ale**, un pét**ale**, un cannib**ale**, un interv**alle**, un déd**ale**

✓ **Les noms féminins** terminés par le son [al] s'écrivent :

- **ale** : une sand**ale**, une esc**ale**, une raf**ale**
- **alle** : une d**alle**, une m**alle**, une s**alle**

Les noms terminés par le son [ɛl]

✓ Les noms masculins terminés par le son [ɛl] s'écrivent :

- **el** : le tunn**el**, un hôt**el**, le mi**el**

<u>Exceptions</u> : le zè**le**, un parallè**le**, un vermice**lle**, un rebe**lle**, un polichine**lle**, un cockt**ail**

✓ Les noms féminins terminés par le son [ɛl] s'écrivent :

- **elle** : une p**elle**, une s**elle**, une mam**elle**

<u>Exceptions</u> : la clientè**le**, une parallè**le**, la grê**le**, une stè**le**, une a**ile**

Les noms terminés par le son [il]

✓ Les noms masculins et féminins terminés par le son [il] s'écrivent :

- **il** : le f**il**, un prof**il**, un civ**il**
- **ile** : l'arg**ile**, le rept**ile**, la f**ile**

<u>Exceptions</u> : la vi**lle**, le baci**lle**, un mi**lle**, un vaudevi**lle**, la chlorophy**lle**, une idy**lle**

Les noms terminés par les sons [ɔl] et [ol]

✓ Les noms masculins et féminins terminés par le son [ɔl] et [ol] s'écrivent :

- **ol** : un s**ol**, un env**ol**, un b**ol**
- **ole** : une gond**ole**, un symb**ole**, une casser**ole**
- **olle** : la c**olle**, une cor**olle**, une fumer**olle**
- **ôle** : le r**ôle**, le contr**ôle**, la t**ôle**

✓ D'autres graphies plus rares :

Le s**aule**, un h**all**, un g**oal**, le cr**awl**, le footb**all**, un at**oll**

Les noms terminés par le son [yl]

✓ Les noms masculins et féminins terminés par le son [yl] s'écrivent :

- **ule** : un véhic**ule**, un tentac**ule**, une mandib**ule**

<u>Exceptions</u> : le calc**ul**, le rec**ul**, le cons**ul**, le cum**ul**, la b**ulle**, le t**ulle**

9) Les noms finissant par [aʁ], [ɛʁ], [iʁ], [oʁ], [yʁ]

Les noms terminés par le son [aʁ]

✓ Les noms masculins terminés par le son [aʁ] s'écrivent :

- **ard** : un bill**ard**, le has**ard**, un plac**ard**
- **ar** : un cauchem**ar**, un nénuph**ar**, un doll**ar**
- **art** : un éc**art**, un remp**art**, un qu**art**
- **are** : un ph**are**, un hect**are**, un cig**are**

✓ D'autres graphies plus rares : un tintam**arre**, des **arrhes**, un j**ars**

✓ Les noms féminins terminés par le son [aʁ] s'écrivent :

- **arre** : la bag**arre**, la j**arre**, une am**arre**
- **are** : la m**are**, la fanf**are**, la g**are**

Exceptions : la p**art**, la plup**art**

Les noms terminés par le son [ɛʁ]

✓ Les noms masculins et féminins terminés par le son [ɛʁ] s'écrivent :

- **aire** : l'annivers**aire**, un itinér**aire**, un missionn**aire**
- **er** : un bulldoz**er**, un report**er**, un v**er** de terre
- **erre** : une équ**erre**, le tonn**erre**, la s**erre**, la t**erre**
- **ert** : le couv**ert**, le dess**ert**, un exp**ert**

✓ D'autres graphies plus rares : un rev**ers**, l'univ**ers**, le n**erf**, le fl**air**, un cl**erc**

Les noms terminés par le son [iʁ]

✓ Les noms masculins et féminins terminés par le son [iʁ] s'écrivent :

- **ir** : le t**ir**, l'aven**ir**, le saph**ir**
- **ire** : un vamp**ire**, la c**ire**, une tirel**ire**

✓ D'autres graphies plus rares : le mart**yr**, une l**yre**, le zéph**yr**, la m**yrrhe**

Les noms terminés par le son [oʁ]

✓ Les noms masculins et féminins terminés par le son [oʁ] s'écrivent :

- **or** : le c**or** de chasse, le trés**or**, un tén**or**
- **ore** : une fl**ore**, une métaph**ore**, un mété**ore**
- **ort** : un eff**ort**, le ress**ort**, un transp**ort**
- **ord** : un racc**ord**, à trib**ord**, un b**ord**

✓ D'autres graphies plus rares : le p**orc**, le minot**aure**, le c**orps**, le m**ors**, le rem**ords**

Les noms terminés par le son [yʁ]

✓ Les noms masculins et féminins terminés par le son [yʁ] s'écrivent :

- ure : une manucure, une toiture, la voiture, un murmure, un parjure

Exceptions : le fémur, l'azur, le futur

10) Les noms finissant par le son [ɑ̃s]

✓ Les noms terminés par le son [ɑ̃s] sont principalement féminins et s'écrivent **-ance** ou **-ence**
Beaucoup de ces noms sont des substantifs d'adjectifs qualificatifs (On ajoute **-ance** ou **-ence** à la racine de l'adjectif)

▶ **Les noms terminés par -ance**

La balance, les vacances, la vengeance, la France

Des soldats |vaillan|ts → La **vaillance** des soldats
Une |importan|te décision → L'**importance** de la décision
Une croyance |survivan|te → La **survivance** d'une croyance

▶ **Les noms terminés par -ence**

L'agence, la cadence, la semence, la licence, la faïence

Une idée |cohéren|te → La **cohérence** d'une idée
Des enfants |corpulen|ts → La **corpulence** des enfants

⚠ ATTENTION AUX EXCEPTIONS

▶ Il y a deux exceptions à cette règle :

Un enfant |exigean|t → L'**exigence** des enfants
Des êtres |existan|ts → L'**existence** des êtres

▶ Un seul nom en **[ɑ̃s]** est masculin : Le **silence**

-Les signes de la langue écrite-

I. Les accents aigus, graves et circonflexes

1) L'accent aigu

Il se met uniquement sur la voyelle **e** qui se prononce alors [e]

✓ Il se met devant une syllabe sonore : pr**é**sentation ; diff**é**rent ; **é**tat ; l**é**vrier

✓ Il se met devant une syllabe accentuée : t**é**léphone ; r**é**pétition

✓ Il se met dans une syllabe finale sans tenir compte du e muet : soci**é**té ; coordonn**é**es ; caf**é**

2) L'accent grave

Il se met sur la voyelle **e** qui se prononce alors [ɛ]

✓ Il se met sur le e final de la dernière syllabe des mots terminés par **-s** : proc**è**s ; succ**è**s ; acc**è**s

✓ Il se met devant une syllabe muette : m**è**re, p**è**re, fr**è**re

✓ On trouve parfois l'accent grave sur les voyelles **a** et **u** dans les mots comme : au-del**à** ; o**ù**

3) L'accent circonflexe

Il se met sur les voyelles **a, e, i, o, u** (sauf **y**) et indique que la voyelle est longue.

✓ On le trouve sur la lettre **a** des mots se terminant par **-âtre** : verd**â**tre ; mar**â**tre ; pl**â**tre

<u>Sauf</u> : quatre ; pédiatre ; psychiatre

✓ On le trouve sur le **u** de certains adverbes terminés par **–ûment** : assid**û**ment ; goul**û**ment ; d**û**ment

✓ On le trouve sur le **o** des pronoms possessifs **nôtre – vôtre** : les nôtres ; le vôtre

✓ On le trouve dans les verbes terminés par **-aître, -oître, plaire** et ses dérivés quand le **i** est suivi du **t**.
Par**aî**tre ; décr**oî**tre ; elle pl**aî**t

✓ On le trouve dans trois participes passés en **-u**, uniquement au masculin singulier.

Participe passé du verbe **devoir** : dû
Participe passé du verbe **croire** : crû
Participe passé du verbe **mouvoir** : mû

✓ On le trouve sur la 1ère et 2ème personne du pluriel (nous et vous) du passé simple et à la 3ème personne de l'imparfait du subjonctif (il, elle).

Vous chantâtes
Nous fûmes
Qu'elle courût
Qu'il fît

✓ On le trouve sur certains mots pour marquer la disparition de la lettre s, d'une consonne ou d'une syllabe au fil du temps.

Entrepôt (entreposer)
Hôtel (hostellerie)
Hôpital (hospitalier)
Âme, (animun)
Âne (asnum)
Côte (costal)

Remarque :

IL N'Y A PAS D'ACCENT :

▶ Si le mot est terminé par les lettres **r, z, t, l, d, f** : chanter ; nez ; objet ; conseil ; pied ; clef

▶ Devant une consonne doublée, comme : appelle ; ficelle ; muette ; empressé

▶ Devant la lettre **x** : exemple ; exprès ; excès

▶ Devant 2 consonnes différentes placées à la fin du mot ou entre deux syllabes :
Aspect ; sélection ; exception ; circonspect

▶ Dans les mots qui n'ont qu'une seule syllabe et qui finissent par **s** : les ; des ; mes ; ses

II. Les signes orthographiques

1) Le tréma

Il est formé de deux points (¨), il est placé le plus souvent sur la voyelle **i** pour indiquer qu'il faut, en la prononçant, la séparer de la voyelle qui précède comme dans : haïr ; maïs

✓ Placé sur le **e** qui suit un **u**, le tréma indique que le **u** doit être prononcé : aiguë ; ambiguë

✓ Le tréma peut aussi avoir la valeur d'un **é** [e] comme dans : canoë

2) La cédille

Elle est placée dessous la lettre c (**ç**) pour indiquer que l'on doit le prononcer comme un [s] devant les voyelles **a, o, u.**

Exemple : façade ; leçon ; reçu

3) Le trait d'union

Il se met entre deux ou trois mots joints ensemble pour indiquer qu'ils n'en font qu'un.

Exemple : celui-ci ; arc-en-ciel ; au-dessus

4) L'apostrophe

C'est le signe qui remplace la suppression de la voyelle finale **-a, -e, -i,** d'un mot lorsque le mot qui suit commence par une voyelle ou un **h** muet. L'apostrophe se place en haut et à droite d'une lettre. On parle alors d'**élision**. Exemples :

L'abeille au lieu de la abeille
S'assoir au lieu de se assoir
Quelqu'un au lieu de quelque un
L'homme au lieu de le homme

III. Les signes de ponctuation

Ils indiquent les poses et les inflexions de la voix à la lecture.
A l'oral, la voix monte ou descend, marque des pauses ou des arrêts. Le rythme et les intonations de la parole aident à la compréhension du discours. L'écriture est un enregistrement de la parole et les signes de ponctuation donnent des indications précieuses pour la compréhension d'un texte.

Des signes de ponctuation mal placés ou omis, peuvent entraîner des contresens.

1) Le point

Le point marque la fin d'une phrase dont le sens est complet. Il indique une pause très nette ; l'intonation est descendante. On ne laisse pas d'espace avant mais on laisse un espace après le point.
Exemple : Elle aime jouer du piano. Surtout quand elle joue du Beethoven.

2) Le point d'interrogation

Le point d'interrogation se place à la fin d'une phrase lorsque l'on pose une question (interrogation directe). L'intonation est montante. Il faut laisser un espace avant et un espace après le point d'interrogation.
Exemple : Aime-t-elle jouer du piano ?

3) Le point d'exclamation

Le point d'exclamation se place à la fin d'une phrase exprimant un ordre, un souhait, une surprise, etc.
L'intonation est montante.
Il faut laisser un espace avant et un espace après le point d'exclamation. Exemples :
Tais-toi !
Ah ! Comme elle aime jouer du piano.

4) La virgule

La virgule sépare des mots, des groupes de mots ou des propositions à l'intérieur d'une phrase. Elle marque une courte pause dans la lecture, sans que la voix baisse. On ne laisse pas d'espace avant mais après la virgule.

✓ Elle permet de ne pas répéter la conjonction de coordination.
Exemple : Mes amis, mes parents et ma sœur vont me manquer.

✓ Elle permet d'insérer des éléments qui donnent des informations sur différents groupes fonctionnels.
Exemple : Le pain, le saucisson, le beurre et le cidre, disposés sur la table, attendaient les convives.

✓ Elle permet de séparer des propositions en indiquant un rapport de chronologie.
Nous avons déplié la nappe, les enfants ont mis le couvert (succession), Grand-père tirait le cidre (simultanéité).

✓ La virgule permet de séparer des propositions en indiquant un rapport de relation logique. Exemples :

L'enfant tombe, il crie. (Il crie parce qu'il tombe)
Il pleut, nous mangeons à l'intérieur. (S'il pleut, nous mangeons à l'intérieur)

✓ La virgule permet une mise en relief.

➢ Elle sépare les compléments circonstanciels ou les subordonnées placés en tête de phrase.
Exemple : Pendant le repas, quelqu'un chanta.

➢ Elle sépare les pronoms mis en relief :
Exemple : Moi, je me régale de chaque mets. (le mot **mets** s'écrit toujours avec un **s**)

➢ Elle sépare des propositions. Exemples :
Tandis que nous mangions, le facteur arriva.
Ce repas, je l'avoue, est très bon.

5) Le point-virgule

Le point-virgule sépare deux propositions. Le plus souvent, les phrases ont une relation logique. Il indique une pause plus importante que la virgule, la voix baisse peu.
On doit laisser de l'espace avant et de l'espace après le point-virgule. Il ne faut pas mettre de majuscule après le point-virgule.
Exemple : Ce n'est plus la peine d'attendre davantage ; ils ne viendront plus maintenant.

6) Les points de suspension

Les points de suspension vont toujours par trois. Ils indiquent que la phrase est inachevée.

✓ Ils peuvent marquer l'émotion, l'hésitation, un sous-entendu.
Exemple : Ne t'inquiète pas, nous organiserons bientôt une autre fête...

✓ Ils peuvent marquer la fin d'une énumération incomplète.
Exemple : Nous pouvions voir sur la table l'eau, le vin, le pain...

✓ Les points de suspension entre crochets indiquent une coupure dans une citation.
Exemple : Je me souviens de notre promenade en forêt. [...] nous nous étions bien amusés.

7) Les deux points

On doit laisser de l'espace avant et de l'espace après les deux points. Il ne faut pas mettre de majuscule après les deux points.

✓ Les deux points permettent d'indiquer de quels éléments un ensemble se compose.
Exemple : Les élèves devront connaître : la ponctuation ; les structures syntaxiques ; la conjugaison des verbes ; les temps et les modes.

✓ Ils permettent de citer ou de rapporter les paroles de quelqu'un.
Exemple : Il attendit que le silence revienne et dit : maintenant, écoutez-moi bien !

✓ Les deux points permettent d'annoncer une explication ou une justification.
Exemple : Cet exercice est difficile : nous commençons un nouveau chapitre.

8) Les guillemets

Les guillemets encadrent les paroles ou les écrits d'un personnage. Les deux guillemets marquent le début et la fin de la citation.
Les guillemets prennent un espace avant et un espace après chaque signe.

Exemple : Il m'a dit : « Je veux partir en Espagne cette année »

9) Les parenthèses

Les parenthèses isolent un mot ou un groupe de mots à l'intérieur d'une phrase. L'information apportée entre parenthèses n'a aucun lien syntaxique avec le reste de la phrase.
On ne met pas d'espace à l'intérieur des parenthèses, mais on laisse un espace avant le premier signe et après le deuxième signe.

Exemple : Tigrou (c'était le nom du chat) ne venait jamais quand on l'appelait.

10) Le tiret

Les tirets isolent un mot ou un groupe de mots à l'intérieur d'une phrase. L'information apportée entre tirets n'a aucun lien syntaxique avec le reste de la phrase.

✓ Il s'agit souvent d'un commentaire de celui qui écrit.
Exemple : Mon ami – celui qui a les cheveux roux – a réussi le concours pour devenir gendarme.

✓ Dans un dialogue, le tiret sert à indiquer que l'on change d'interlocuteur.
Exemple :
Alors j'ai dit à Pierre : « Venez immédiatement !
– Jamais de la vie.
– C'est un ordre ! »

11) Les majuscules

On met une majuscule :

✓ Au premier mot d'une phrase.
Exemple : **L**es enfants jouent pendant la récréation.

✓ Aux noms propres, aux prénoms, aux surnoms, aux noms de famille.
Exemple : Madame **D**upont

✓ Aux noms communs pris comme des noms propres.
Exemple : Un chat nommé **P**rince

✓ Aux noms ou aux titres des œuvres artistiques ou littéraires, des journaux, des magazines.
Exemple : La **B**ible et le **C**oran.

✓ A certains termes de politesse.
Exemples : **M**adame, **M**ademoiselle, **M**onsieur

✓ Aux noms qui marquent la nationalité.
Exemple : Les **I**taliens et les **F**rançais vivent au soleil.

✓ A certains termes historiques ou géographiques.
Exemples : **N**apoléon 1er – Les **A**lpes – **P**aris

✓ Aux noms de bateaux, de rues, d'édifices, d'avions.
Exemples : Le musée du **L**ouvre – Le **C**oncorde

✓ Aux noms d'institutions, de sociétés ou de distinctions.
Exemple : Le **C**onseil municipal

✓ Aux premiers mots des vers de poèmes.

Je marcherai les yeux fixés sur mes pensées,
Sans rien voir au dehors, sans entendre aucun bruit,
Seul, inconnu, le dos courbé, les mains croisées,
Triste, et le jour pour moi sera comme la nuit.
Victor HUGO, « Les Contemplations" »

Cas particulier

▶ Les noms de mois, de saison, de dates s'écrivent en minuscules :

Le premier **lundi** du mois de janvier.
L'**été**, il fait trop chaud.

▶ Les noms de fêtes prennent des majuscules :

La **N**oël, L'**A**rmistice et **P**âques font partis des jours fériés.

▶ Les points cardinaux, lorsqu'ils désignent un territoire, une région ou un pays prennent une majuscule :

Les peuples d'**A**sie.

▶ Les noms déposés et les noms de marque prennent une majuscule :

Camel et **M**arlboro sont des marques de cigarettes.

DEUXIEME PARTIE
-Les neuf classes grammaticales-

Il y a dans la langue française neuf classes grammaticales de mots.

Ce sont :

Le nom, le déterminant, l'adjectif, le pronom, l'adverbe, le verbe, la préposition, la conjonction et l'interjection.

Relativement à leur terminaison, ces espèces de mots se divisent en mots **variables** et mots **invariables**.

Les mots variables sont ceux dont la forme peut changer ; ce sont : le nom, l'article, l'adjectif, le pronom et le verbe.

Les mots invariables sont ceux dont la forme ne change jamais ce sont : l'adverbe, la préposition, la conjonction et l'interjection.

Exemple :

Cet [1] exercice [2] est [3] facile [4]. Paul [5] le [6] finit [7] rapidement [8] sur [9] le [10] tableau [11].

[1] adjectif démonstratif
[2] nom commun
[3] verbe
[4] adjectif qualificatif
[5] nom propre
[6] pronom
[7] verbe
[8] adverbe
[9] préposition
[10] article
[11] nom commun

Les deux tableaux à la page suivante récapitulent les neufs catégories grammaticales des mots.

Les mots variables

Mot variable	Définition	Exemple
Verbe	**Le verbe** se conjugue et sa terminaison varie selon le temps (présent, passé, futur…) Il s'accorde avec le sujet.	→ Vous **parlerez** → Je **parlerai** → Ils **parleront**
Nom commun	**Le nom commun** sert à désigner les êtres, les choses ou les notions qui appartiennent à une même catégorie logique. Il s'emploie avec un déterminant	→ Un **cartable** → Trois **filles** → La **classe**
Nom propre	**Le nom propre** désigne un nom particulier (d'une personne, d'une chose, d'un lieu). Il s'écrit avec une majuscule.	→ **Michel** → **Paris** → Les **Alpes**
Adjectif	**Un adjectif** désigne une qualité ou une caractéristique d'une personne, d'une chose ou d'un événement.	→ C'est un **bon** repas → C'est un **mauvais** garçon → Il est très **fort**.
Pronom	**Le pronom** remplace un nom ou un groupe de mots. Il occupe les fonctions d'un groupe nominal déjà utilisé à un autre endroit du contexte.	→ **Pronoms démonstratifs** : ça, ce, ceci, cela, celui-ci, celui-là… → **Pronoms indéfinis** : autrui, chacun, on, plusieurs, quelqu'un, quiconque, tous… → **Pronoms interrogatifs** : qui, que, quoi, lequel… → **Pronoms personnels** : je, me, moi, tu, te, toi, il, elle, on, le, la, lui, eux, leur, nous, vous, se, soi, en, y… → **Pronoms possessifs** : le mien, la tienne, les siennes, le vôtre, la nôtre, les leurs… → **Pronoms relatifs** : auquel, dont, duquel, lequel, que, qui, quoi, où…
Déterminant	**Le déterminant** est toujours placé avant le nom commun dont il marque le genre et le nombre. Il est impossible de le supprimer.	→ **Les** élèves sont dans **cette** école. → **Mon** père est arrivé tard. → **Le** chat miaule.

Les mots invariables

Mot invariable	Définition	Exemple
Les adverbes	**Un adverbe** est un mot complément. Il ajoute une détermination à un verbe, un adjectif, un adverbe, ou à une phrase entière	→ **Un verbe** : Parler **gentiment** → **Un adjectif** : il est **très** intelligent → **Un adverbe** : **trop** rapidement → **Une phrase** : **effectivement**, il a bien travaillé.
Les prépositions	**Une préposition** introduit un complément. Il sert à marquer le rapport qui unit ce complément au mot complété.	→ **Prépositions simples** : à, de, en, par, dans, sur, pour, sans… → **Prépositions** composées : au-dessus de, afin de, jusqu'à…
Les conjonctions de subordination	**Une conjonction de subordination** établit une dépendance entre les éléments qu'elle unit. – conjonctions simples : **que, si, comme, quand** – locutions conjonctives : **pour que, dès que, afin que, comme si, parce que**…	→ J'ai pensé **que** ce document pourrait vous intéresser.
Les conjonctions de coordination	**Une conjonction de coordination** relie des mots, des groupes ou des propositions ayant la même fonction dans la phrase. Elle est placée entre les deux éléments qu'elle relie.	→ Les conjonctions de coordination simples : **mais, ou, et, donc, or, ni, car** → Les conjonctions de coordination redoublées : **et… et…, ou… ou…, ni… ni…, soit… soit…**
Les interjections et les onomatopées	– **Les interjections** expriment un sentiment. – **Les onomatopées** imitent des bruits naturels.	→ **Hélas !** Il n'a pas réussi. → Cris d'animaux (**hihan ! meuh !**) → Bruit (**boum ! crac ! glouglou**), etc.

I. Le nom

Définition

Le **nom** est un mot qui sert à **désigner** ou à nommer une **personne**, un **animal** ou une **chose** :

Pierre ; cheval ; maison

La catégorie du nom

On distingue deux sortes de noms : **le nom commun** et le **nom propre.**

✓ **Le nom commun** est celui qui est commun à tous les êtres de la même espèce :

Homme ; lion ; fleur

✓ **Le nom propre** est celui qui ne s'applique qu'à un être ou à une réunion particulière d'êtres. La première lettre des noms propres est une majuscule :

Paris ; les Français ; les Alpes

1) Le genre des noms

Il y a deux genres en français : le masculin et le féminin.

✓ **Les noms d'hommes ou d'animaux mâles sont masculins**

Le père ; l'homme ; le chien

✓ **Les noms de femmes ou d'animaux femelles sont féminins**

La femme ; la mère ; la chienne

➢ On reconnaît qu'un nom est du **genre masculin**, quand l'usage permet de le faire précéder des mots **le** ou **un** :

Un livre

➢ On reconnaît qu'un mot est du **genre féminin**, quand on peut le faire précéder des mots **la** ou **une** :

Une famille

2) La formation du féminin dans les noms

Le féminin des noms se forme ordinairement en ajoutant un e muet au masculin, comme dans :

Le marchand → la marchand**e**

Un cousin → une cousin**e**

Le mendiant → la mendiant**e**

Un ami → une am**ie**

Un avocat → une avocat**e**

Cas particulier

▶ <u>Les noms finissant en **-ien, -ion, -el** redoublent la consonne finale du masculin</u> :

Un gard**ien** → une gard**ienne**

Un li**on** → une li**onne**

Un colon**el** → une colon**elle**

▶ <u>Les noms finissant en **-eau** deviennent **elle**</u> :

Un cham**eau** → une cham**elle**

▶ <u>Les noms finissant en **-f** deviennent **-ve**</u> :

Un veu**f** → une veu**ve**

▶ <u>Les noms finissant en **-c** deviennent **-que**</u> :

Un Tur**c** → une Tur**que**

▶ <u>Les noms finissant en **-eur** deviennent **-euse, -eresse ou -rice**</u> :

Un ment**eur** → une ment**euse**

Un enchant**eur** → une enchant**eresse**

Un ac**teur** → une ac**trice**

▶ <u>Les mots finissant en **-er** prennent au féminin **un accent grave sur l'e qui précède**</u> :

Un hériti**er** → une hériti**ère**

Un fermi**er** → une fermi**ère**

Un boulang**er** → une boulang**ère**

▶ <u>Certains noms terminés par un **-e** muet changent cet **-e** en **-esse.**</u> :

Un hôt**e** → une hôt**esse**

Un maît**re** → une maît**resse**

▶ <u>Certains noms changent complètement au féminin</u> :

Un garçon → une fille

Un frère → une sœur

Un oncle → une tante

3) Le nombre du nom

Il y a deux nombres : le **singulier** et le **pluriel**.

✓ Un nom est au singulier quand il ne désigne qu'un seul être ou qu'une seule chose.

Un homme ; une table

✓ Un nom est au pluriel quand il désigne plusieurs êtres ou plusieurs choses.

Des hommes ; des tables

✓ **La règle générale pour former le pluriel dans les noms est d'ajouter un s au singulier.**

Exemple. : un livre → des livres

⚠ Les noms suivants s'écrivent toujours au pluriel :

affres, aguets, alentours, ambages, annales, appas, appointements, archives, armoiries, arrérages, arrhes, atours, condoléances, confins, décombres, fiançailles, frais, funérailles, honoraires, mœurs, obsèques, ossements, sévices, ténèbres.

✓ **Les noms terminés au singulier par s ne changent pas au pluriel, parce qu'ils en ont déjà la marque.**

Un palai**s** → des palai**s**
Un pri**x** → des pri**x**

✓ Les noms terminés en **-ail** suivent la règle générale : ajouter un **s** au pluriel :

Un r**ail** → des r**ails**
Un gouvern**ail** → des gouvern**ails**

Cas particulier

▶ 7 noms qui changent -ail en -aux au pluriel :

Un **bail** → des **baux**
Un **corail** → des **coraux**
Un **émail** → des **émaux**
Un **soupirail** → des **soupiraux**
Un **travail** → des **travaux**
Un **vantail** → des **ventaux**
Un **vitrail** → des **vitraux**

✓ Les noms finissant en **-al** forment le pluriel en **-aux** :

Un journ**al** → des journ**aux**
Un m**al** → des m**aux**
Un chev**al** → des chev**aux**

Cas particulier

▶ Des noms finissant en **al** deviennent **-als** au pluriel :

Un **bal** → des bals
Un **carnaval** → des carnavals
Un **chacal** → des chacals
Un **récital** → des récitals
Un **festival** → des festivals
Un **régal** → des régals

✓ Les noms terminés en **-ou** prennent un **s** au pluriel :

Un cl**ou** → des cl**ous**
Un tr**ou** → des tr**ous**

Cas particulier

▶ 7 noms terminés en **-ou** qui prennent un **-x** au pluriel :

Un **hibou** → des hiboux
Un **caillou** → des cailloux
Un **pou** → des poux
Un **bijou** → des bijoux
Un **chou** → des choux
Un **joujou** → des joujoux

✓ Les noms terminés en **-au, -eau** ou **-eu** prennent un **-x** au pluriel.

Un noy**au** → des noy**aux**
Un chev**eu** → des chev**eux**
Un chât**eau** → des chât**eaux**

▶ **Mais** : **bleu, landau, pneu** prennent un s au pluriel.
Des voitures bleus ; **des** landaus ; **des** pneus

4) Le pluriel des noms composés

Les noms composés sont des noms formés de deux ou plusieurs mots qui désignent un seul nom, un seul être ou une seule chose. Les mots qui forment le nom composé sont souvent unis par un trait d'union.

✓ Dans les noms composés, seuls le nom et l'adjectif peuvent se mettre au pluriel, si le sens le permet :

Des camions-citernes ; des rouges-gorges.

▶ **Mais** : des **timbres-poste** (car on sous-entend la préposition non-exprimée « pour » : des timbres pour la poste).

✓ Lorsque le nom composé est formé de deux noms, unis par une préposition, en général, seul le premier nom s'accorde :

Des **arcs**-en-ciel ; des **chefs**-d'œuvre.

✓ Quand le premier mot d'un nom composé est terminé par « o », ce mot reste invariable :

Des électr**o**-aimants.

✓ Dans certaines expressions, au féminin, l'adjectif « **grand** » reste invariable au singulier mais l'usage admet qu'il s'accorde au pluriel.

Une **grand-mère** ; des **grand(s)-mères**
Une **grand-rue** ; des **grand(s)-rues**

✓ Le mot « **garde** » s'accorde quand il a le sens d'une personne, « le gardien »

Exemples : des **gardes-malade** mais des **garde-manger**.

✓ Le sens s'oppose à l'accord de certains noms composés :

Des **pot-au-feu** (morceaux de viande à mettre au pot)
Des **pur-sang** (chevaux qui ont le sang pur)

5) Le groupe nominal

Le groupe nominal (GN) est un mot ou un groupe de mots comprenant un mot principal essentiel : le nom, communément appelé « **nom noyau** », sans lequel la phrase n'a plus de sens.

Ce noyau est généralement accompagné d'un déterminant et parfois d'une ou de plusieurs expansions (groupe de mots ou une subordonnée qui accompagne le noyau). Les expansions du noyau dans le GN, qu'elles soient placées avant ou après le nom, occupent toujours la fonction de complément du nom.

Mon chien est noir.
Dans cet exemple, **mon chien** est le groupe nominal dont le noyau est le nom **chien**.
Il est précédé du déterminant : **mon**.

Le groupe nominal peut être composé de :

* Un nom propre seul :
Paris

* Un pronom :
Elle dort.

* Un déterminant + un nom commun :
Le chien

* Un déterminant + un nom + un complément du nom :
Un ours en peluche

* Un déterminant + un nom commun + un adjectif :

Placé avant ou après le nom on dit que **l'adjectif** est **épithète**. (leçon p131)
Exemple : Un chat noir

> ➢ Le groupe nominal peut comporter des constituants non obligatoires tels que des adjectifs et des propositions subordonnées :

Le vieil homme était assis sur le banc.
Dans cet exemple, **le vieil homme** est le groupe nominal dont le noyau est **homme**, le déterminant est **le** et l'adjectif qualificatif **vieil** est un constituant non obligatoire.
Si on supprime le constituant non obligatoire **vieil**, la phrase reste grammaticalement correcte.

La fille aux yeux verts habite près d'ici.
La fille aux yeux verts est le groupe nominal ; l'article **la** est le déterminant du nom (noyau) **fille** ;
aux yeux verts est le complément du nom, c'est un constituant non obligatoire.

La fille qui est venue me voir est mon amie.
La fille qui est venue me voir est le groupe nominal ; l'article **la** est le déterminant, le noyau est le nom **fille**, et la subordonnée relative **qui est venue me voir** est un constituant non obligatoire.

II. les déterminants

Les déterminants sont des petits mots **placés devant le nom**. Pour les repérer, il faut trouver le nom qui les accompagne. Ce sont eux qui indiquent le nombre et le genre du nom. Dans la classe des déterminants, il y a :
- **les articles** (le/la/l'/les, un/une/des, du/des/de la/de l')
- **les adjectifs possessifs** (mon, ton, son, ma, ta, sa, mes, tes, ses…)
- **les adjectifs démonstratifs** (ce, cet, cette, ces)
- **les adjectifs exclamatifs et interrogatifs** (quel, quelle, quels, quelles, combien de, combien d')
- **les adjectifs numéraux cardinaux et ordinaux** (deux, trois, premier...)
- **les adjectifs indéfinis** (chaque, quelques, plusieurs...)

Les articles et les déterminants du nom prennent le genre et le nombre du nom auquel ils se rapportent.
Exemples :
La fillette nage.
Votre bateau est là.
Ces enfants sont heureux.

1) L'article

L'article est un mot que l'on met devant le nom pour le déterminer. En français, il y a trois sortes d'articles :

Les articles définis : le, la, l', les

L'article défini est placé devant le nom pour le déterminer de manière précise. Il peut s'agir d'un être ou d'une chose désignés en général.
Exemple :
Le chat mange **les** souris.
La chance est avec moi.
L'animal avance doucement vers moi.

Les articles indéfinis : un, une, des

L'article indéfini désigne le nom pour le déterminer d'une manière imprécise, vague.
Exemples :
Un homme grand.
Une pomme.
Des femmes et des enfants.

Les articles partitifs : du, des, de la, de l'

L'article partitif est placé devant un nom pour désigner une quantité imprécise.
Exemples :
Il mange **du** pain.
Pierre a **de la** patience.
Je veux boire **de l'**eau.
Il ramasse **des** cailloux.

Forme des articles

	Masculin	Féminin	Pluriel
Les article définis	le, l'	la, l'	les
Les articles indéfinis	un	une	des
Les articles partitifs	du, de l'	de la, de l'	des

2) Les adjectifs

Les adjectifs possessifs

mon, ma, mes, ton, ta, tes, son, sa, ses, notre, votre, leur, leurs

Le déterminant ou adjectif possessif **indique à qui appartient** une personne ou une chose :

Son chat griffe souvent
Ses souliers sont cirés

> ⚠ On emploie **mon, ton, son** au lieu de **ma, ta, sa**, devant un mot qui commence par une voyelle ou par un **h** muet. Exemples :
> A ~~sa~~ **son** <u>a</u>rrivée, tout le monde s'est levé.
> ~~Ma~~ **Mon** <u>h</u>istoire peut faire peur.

Formes des déterminants ou adjectifs possessifs

Un seul possesseur	MASCULIN	FEMININ	PLURIEL
1ère personne du singulier	mon	ma	mes
2ème personne du singulier	ton	ta	tes
3ème personne du singulier	son	sa	ses
Un ou plusieurs possesseurs	**MASCULIN**	**FEMININ**	**PLURIEL**
1ère personne du pluriel	notre	notre	nos
2ème personne du pluriel	votre	votre	vos
Plusieurs possesseurs	**MASCULIN**	**FEMININ**	**PLURIEL**
3ème personne du pluriel	leur	leur	leurs

Les adjectifs démonstratifs

ce, cet, cette, ces

Le déterminant (ou adjectif) démonstratif est utilisé pour désigner clairement des choses ou des êtres (que l'on peut désigner avec le doigt).

Cette robe est jolie
Ce fauteuil est confortable

> **Remarque :**
>
> ▶ <u>On met **ce** devant une consonne</u> : **Ce c**heval est fougueux.
>
> ▶ <u>On met **cet** devant une voyelle ou h muette</u> : **Cet o**rdinateur est très bien conçu.

Forme des déterminants ou adjectifs démonstratifs

	MASCULIN	FEMININ	PLURIEL
Les déterminants démonstratifs	ce, cet	cette	ces

Les adjectifs interrogatifs et exclamatifs

quel, quelle, quels, quelles, combien de, combien d'

Le déterminant ou adjectif interrogatif est un type de déterminant utilisé pour formuler une question

✓ Ces déterminants s'emploient devant le nom dans une phrase interrogative :

Quel projet réalises-tu ?
Quelle heure est-il ?
Combien de temps faut-il pour arriver à Paris ?

Le déterminant ou adjectif exclamatif est un type de déterminants utilisé pour exprimer une émotion, une surprise ou une admiration.

✓ Ces déterminants s'emploient devant le nom dans une phrase exclamative

Quelle tristesse !
Quel honneur !
Quels beaux dessins !
Combien de chiens avez-vous ?

⚠ le déterminant **quel** prend le genre et le nombre du nom auquel il se rapporte mais **combien de** est invariable.

Forme des déterminants ou adjectifs interrogatifs et exclamatifs

	MASCULIN	FEMININ
Singulier	quel combien de	quelle combien de
Pluriel	quels combien de	quelles combien de

Les adjectifs numéraux

Les adjectifs numéraux cardinaux

✓ Les adjectifs numéraux cardinaux expriment une quantité. Ils se placent devant le nom. **Ils sont invariables**.

L'écriture des nombres a été simplifiée par l'Académie Française en 1990.

La nouvelle réforme est la suivante : **Tous les adjectifs numéraux composés sont systématiquement unis par un trait d'union.**

Exemples :
Il y a **sept** jours dans une semaine et **trente** jours dans un mois.
Il a **quatre-vingt-trois** ans.
Il y a **soixante-et-un** morceaux de sucre.

⚠ « **Vingt** et **cent** » s'accordent quand ils indiquent un nombre exact de vingtaines ou de centaines.

Cette dame a **quatre-vingts** ans.
Cet arbre a au moins **deux-cents** ans.

Million et **milliard** ne sont pas des adjectifs mais des noms et **s'accordent tout le temps**.

Pour écrire les montants en euros, on garde la règle traditionnelle :

On utilise des traits d'union pour écrire les nombres composés plus petits que cent sauf autour du mot "et" (qui remplace alors le trait d'union) soit tous les nombres <u>sauf</u> 21, 31, 41, 51, 61 et 71.

On ne met donc pas de trait d'union pour écrire :
Il a **trois cents** euros dans son portefeuille.
Il a **cent cinquante** euros dans son portefeuille.

Les adjectifs numéraux ordinaux

✓ Les adjectifs numéraux ordinaux expriment un classement, l'ordre, le rang. Ils s'accordent en genre et en nombre.

Les **premières** places.
Les **secondes** classes.
Les **derniers** instants.

✓ L'adjectif numéral ordinal est presque toujours formé à partir de l'adjectif numéral cardinal en lui ajoutant le suffixe **-ième**.

Trois → trois**ième** → cent-vingt-trois**ième**

Mais : Un → **premier** ; Deux → **deuxième** ou **second**

▶ Dans certains cas **l'adjectif numéral ordinal est remplacé** par **l'adjectif numéral cardinal**

✓ Pour indiquer l'organisation d'un livre :
Chapitre **deux**, page **quatre-cent-vingt-huit**.

✓ Pour donner un numéro de rue :
Elle habite au **cinq** rue de la Paix.

✓ Pour indiquer le rang d'un prince ou d'un roi dans la dynastie :
Henri **quatre**.

Mais : l'adjectif ordinal **premier** n'est **pas remplacé** par l'adjectif cardinal **un**.
Exemple : François **premier**.

Les adjectifs indéfinis

Aucun, autre, certain, chaque, différents, divers, l'un et l'autre, n'importe quel, maint, même, nul, pas un, plus d'un, plusieurs, quel, quelconque, quelque, tel, tout.

✓ Les adjectifs indéfinis désignent de façon vague et générale le nom qu'il détermine. Ils le rendent indéfini. Ils s'emploient en général sans article. Ils s'accordent avec le nom qu'ils déterminent.

Toutes ces fleurs sont fanées.
Toute la famille est ici.
Aucun élève n'est absent aujourd'hui.

⚠ Les adjectifs indéfinis **autre, certain, même, quelconque, quelque, tel, tout,** peuvent s'employer avec l'article. Exemples :

Un **autre** policier arrive.
Une **telle** nouvelle est inespérée.

✓ **Particularités de l'emploi des adjectifs indéfinis.**

➢ **Certain** peut être adjectif indéfini ou adjectif qualificatif :

Certains jours, elle se sent très fatiguée (adjectif indéfini)
Il est **certain** de l'avoir vu aujourd'hui (adjectif qualificatif)

➢ **Chaque** est toujours suivi d'un nom :

Chaque jour il prend de ses nouvelles.

➢ **Même** peut être adjectif ou adverbe.

→ Lorsqu'il est adjectif, il s'accorde avec le nom auquel il, se rapporte :

Ce sont **les mêmes** objectifs que l'année d'avant.

→ Lorsque même a le sens de quand même ou aussi, il est alors adverbe et reste invariable :

Téléphonez-moi, **même** après minuit.

➢ **Tout, toute** peut être : adjectif indéfini, adjectif qualificatif, nom ou adverbe.

→ Adjectif indéfini, il s'accorde :

Toute nouvelle est préférable à l'incertitude.

→ Adjectif qualificatif, il s'accorde :

Toute la foule l'applaudit.

→ Nom, il s'accorde :

Tout était silencieux.

→ Adverbe, il est invariable, sauf devant un mot féminin qui commence par la lettre h.

Je suis **tout** ouïe.
Elle est **toute** honteuse.

Forme des adjectifs indéfinis les plus courants

	SINGULIER	PLURIEL
Masculin	aucun	
Féminin	aucune	
Masculin	autre	autres
Masculin/Féminin	chaque	
Masculin/Féminin	même	mêmes
Masculin/Féminin	quelconque	quelconques
Masculin/Féminin	quelque	quelques
Masculin	certain	certains
Féminin	certaine	certaines
Masculin/Féminin		plusieurs
Masculin	nul	
Féminin	nulle	
Masculin	quel…que	quels…que
Féminin	quelle …que	quelles …que
Masculin/Féminin	quelque	quelques
Masculin	tel	tels
Féminin	telle	telles
Masculin	tout	tous
Féminin	toute	toutes

III. L'adjectif qualificatif

L'adjectif est un mot que l'on joint au nom pour le qualifier ou pour le déterminer.

L'adjectif qualificatif exprime une qualité de l'être ou de la chose nommé.

Exemples :
Un enfant **docile**.
Un écolier **studieux**.

1) La formation du féminin

✓ La règle générale pour former le féminin dans les adjectifs est d'ajouter un **e** muet au masculin.

Exemples :
Grand → une grand**e** cabane.
Poli → une enfant poli**e**.

✓ Les adjectifs terminés au masculin par un **e muet** ne changent pas au féminin.

Exemples :
Un mot **utile**
Une leçon **utile**

✓ Les adjectifs terminés par **-er** prennent au féminin un accent grave sur l'**e** qui précède :

Fier → une allure fi**è**re

✓ Les adjectifs terminés par **-as, -el, -eil, -en, -on, -et** doublent au féminin la dernière consonne avant de prendre l'**e** muet :

Exemples :
Gras → gra**sse**
Cruel → crue**lle**
Pareil → parei**lle**
Ancien → ancie**nne**
Bon → bo**nne**
Net → ne**tte**

Cas particulier

▶ Les adjectifs **complet, concret, discret, inquiet, replet, secret**, ne doublent pas le **t** au féminin, mais ils prennent un accent grave sur l'**e** qui précède :

Complet → de la farine **complète**
Concret → une explication **concrète**
Discret → une personne **discrète**
Inquiet → une voisine **inquiète**
Replet → une silhouette **replète**
Secret → une vie **secrète**

▶ Les adjectifs **épais, gentil, gros, nul, sot, vieillot, exprès**, doublent au féminin la dernière consonne.

Épais → une crème **épaisse**
Gentil → une fille **gentille**
Gros → une **grosse** poire
Nul → une idée **nulle**
Sot → une femme **sotte**
Vieillot → une maison **vieillotte**
Exprès → une livraison **expresse**

▶ Les adjectifs **beau, nouveau, fou, vieux** : la forme de base (masculine) change si l'adjectif est placé devant un nom commençant par une voyelle ou un **h** muet :

Beau → **un bel** homme → **une belle** femme
Nouveau → **le nouvel** an → **la nouvelle** année
Fou → **un fol** espoir → **une folle** histoire
Vieux → **un vieil** ami → **une veille** amie

▶ Les adjectifs suivants ont un féminin particulier :

Blanc → la table **blanche**
Franc → une **franche** rigolade
Sec → une saucisse **sèche**
Caduc → une phrase **caduque**
Public → une maison **publique**
Turc → une femme **turque**
Grec → une fille **grecque**
Long → une **longue** route
Bénin → une blessure **bénigne**
Malin → une tumeur **maligne**
Tiers → une **tierce** personne
Frais → une bière **fraîche**

✓ Les adjectifs terminés par **-f** changent en **-ve** au féminin :

Bre**f** → une brè**ve** leçon
Naï**f** → une jeune fille naï**ve**

✓ Les adjectifs terminés par **-x** changent au féminin x en **-se** :

Précieu**x** → une pierre précieu**se**
Jalou**x** → une amie jalou**se**

> ▶ <u>**Sauf**</u> :
>
> **Doux** → une peau **douce**
> **Faux** → une **fausse** fourrure
> **Roux** → une chevelure **rousse**

✓ Les adjectifs terminés en **-ue** prennent un tréma sur l'**e** du féminin !

Un accent aig**u**
Une voix aig**uë**

Un geste ambig**u**
Une parole ambig**uë**

✓ Les mots en **-eur** pris adjectivement suivent les mêmes règles que lorsqu'ils sont employés comme noms.

Un enfant dorm**eur**
Une fille dorm**euse**

✓ Les adjectifs en **-érieur**, ainsi que **majeur, meilleur, et mineur** suivent la règle générale

Sup**érieur** → La sup**érieure** hiérarchique.
Maj**eur** → La maj**eure** partie du discours.
Min**eur** → Il s'agit d'une erreur min**eure**.

2) **La formation du pluriel**

✓ La règle générale pour former le pluriel dans les adjectifs est d'ajouter un **s** au singulier masculin ou féminin.
Exemples :
Un homme savant→ des hommes savant**s**
Une femme savante → des femmes savant**es**

✓ Les adjectifs terminés au singulier par **s** ou **x** ne changent pas au masculin pluriel.
Exemples :
Un soldat **français** → des soldats **français**
Un fruit **doux** → des fruits **doux**

✓ Les adjectifs terminés par **-eau** prennent un **x** au pluriel
Exemples :
Beau →des b**eaux** habits
Nouveau → des nouv**eaux** pantalons

✓ La plupart des adjectifs en **-al** font leur pluriel en **-aux**.
Exemples :
Égal → des morceaux ég**aux**
Moral → des contes mor**aux**
Amical →des gens amic**aux**

⚠️ **bancal, final, naval, fatal** prennent un **s** au pluriel

Un lit **bancal** → **des** lits **bancals**
Une table **bancale** → **des** chaises **bancales**

Un point **final** → **des** points **finals**
Une décision **finale** → **des** décisions **finales**

Un chantier **naval** → **des** chantiers **navals**
Une force **navale** → **des** forces **navales**

Un destin **fatal** → **des** destins **fatals**
Une décision **fatale** → **des** décisions **fatales**

Un pays **natal** → **des** pays **natals**
Une ville **natale** → **des** villes **natales**

✓ L'adjectif s'accorde en genre et en nombre avec le nom ou le pronom auquel il se rapporte.

Un homme **instruit** → **une** femme **instruite**
Des hommes **instruit**s → **des** femmes **instruites**

✓ Quand un adjectif se rapporte à plusieurs noms singuliers, on le met au pluriel.

Exemple. : Le roi et le prince sont **égaux** dans la mort.

✓ Quand un adjectif se rapporte à des noms masculin et féminin, on le met au masculin pluriel.

Exemple : Pierre et Sylvie sont **amoureux**.

3) Les adjectifs composés

✓ Lorsque deux adjectifs se suivent et forment un adjectif composé, les deux adjectifs s'accordent tous deux avec le nom (ou le pronom) auquel il se rapporte.

Je dois raccompagner mes amis chez eux : ils sont **ivres morts**.

La saveur **sucrée-salée** de ce plat est délicieuse.

✓ Dans un adjectif composé, lorsque le premier terme est un adverbe ou un adjectif employé comme adverbe, un mot invariable ou une abréviation modifiant le deuxième terme (qui est un adjectif), le premier terme est invariable et l'adjectif s'accorde en genre et en nombre avec le nom ou le pronom :

Je ne mange que des haricots **extra-fins**.

Les **nouveau-venus** dans le village font construire une maison à côté de l'église.

✓ Les adjectifs **nu** et **demi**

* Placés devant le nom ils sont invariables :

J'aime beaucoup mes **demi-frères**.

Il marche toujours **nu-pieds** chez lui.

* Placés après le nom ils s'accordent avec le nom, en genre pour **demi** et en genre et en nombre pour **nu** :

Laura marche toujours pieds **nus** sur la plage.

L'horloge n'indique plus les **demies**.

4) Les adjectifs de couleur

✓ Les adjectifs de couleur s'accordent en nombre et en genre.

Un drap **blanc** → **une** robe **blanche** → **des** collants **blancs**

Cas particulier

▶ <u>Si l'adjectif de couleur renvoie à un nom pour exprimer la couleur par image, il est invariable.</u>
Il s'agit principalement de noms :

- De fleurs et d'arbres : **acajou, ébène, fuchsia, pervenche, paille**…
- De fruits : **olive, orange, marron, abricot, cerise, kaki, citron**…
- D'animaux : **saumon, corail, chamois, carmin ou cramoisi**…
- De métaux ou de minéraux : **argent, bronze, or, brique, ocre, grenat, turquoise, vermillon**…

Exemples :
Des vestes **orange**
Des couleurs **marron**

▶ <u>Sauf pour rose, fauve, mauve, pourpre, qui s'accordent</u> :

Des fleurs **roses**
Des lilas **mauves**
Des chevaux **fauves**
Des rivières **pourpres**

✓ Les adjectifs de couleur restent invariables quand ils sont accompagnés d'un autre adjectif.

Une souris **gris clair**.
Des ongles **rouge sang**.

✓ Quand deux adjectifs de couleur sont employés pour qualifier une seule couleur ils sont invariables et sont liés par un trait d'union

Des yeux **gris-bleu**.
Des uniformes **marron-vert**.

5) Les degrés de qualification des adjectifs qualificatifs

L'adjectif dénonce une caractéristique, qui peut exister avec des degrés différents.

Le positif

L'adjectif exprime une qualité ou une caractéristique, sans introduire de nuance de comparaison. Exemples :

Laurence est **grande**.
La voiture est **rapide**.

Le comparatif

L'adjectif qualificatif exprime une qualité ou une caractéristique avec une idée de comparaison.

✓ Le comparatif de supériorité : **plus + adjectif + que**
On forme le comparatif de supériorité en ajoutant **plus…que** à l'adjectif.

Le train est **p**lus rapide **que** le la voiture.
Pierre est **plus** grand **que** Jacques.

> ⚠ Il existe quatre adjectifs qui possèdent un comparatif de supériorité irrégulier :
>
> ➢ **Bon** devient **meilleur**.
>
> Il est ~~plus bon~~ meilleur joueur **que** sa sœur.
>
> ➢ **Bien** devient **mieux**
>
> Il est ~~plus bien~~ mieux habillé que son père.
>
> ➢ **Mauvais** devient **pire**
>
> Le remède est ~~plus mauvais~~ pire **que** le mal.
>
> ➢ **Petit** devient **moindre**
>
> Son pouvoir est ~~plus petit~~ moindre **que** le nôtre.

✓ Le comparatif d'égalité : **aussi + adjectif + que**
On forme le comparatif d'égalité en ajoutant **aussi…que** à l'adjectif

Laurence est **aussi** grande **que** sa mère.
La moto est **aussi** rapide **que** la voiture.

✓ Le comparatif d'infériorité : **moins + adjectif + que**
Il est indiqué par la forme **moins…que** :

La voiture est **moins** rapide **que** le train.
Jacques est **moins** grand **que** Pierre.

> ⚠ On dit : **moins bon, aussi bon, moins bien, aussi bien que.**
>
> Ce sac est moins bien que celui-ci.

Le superlatif

Il existe une qualité exprimée à son plus haut degré.

✓ Le superlatif absolu

Le superlatif est dit absolu lorsqu'il exprime une qualité ou une caractéristique à un très haut degré sans introduire de comparaison. Le superlatif absolu est marqué par l'utilisation devant l'adjectif qualificatif des mots : **très, fort, extrêmement, infiniment**

Il est **extrêmement** gentil
C'est une personne **fort** aimable

✓ Le superlatif relatif

Le superlatif relatif exprime comme le superlatif absolu une qualité ou une caractéristique à un très haut degré, mais il introduit aussi une comparaison. On forme le superlatif relatif en plaçant **le, la, les, du, de la, des, mon, ton, son, notre, votre, leur** avant les mots **plus, moins, pire, meilleur, meilleure, meilleurs, meilleures, moindre, mieux**

C'est l'enfant **le plus** intelligent de la classe.
C'est la robe **la moins** chère du magasin.
Claire est **ma meilleure** amie.
C'est **le mieux** que je puisse faire.

IV. Les adverbes

1) Leurs rôles

Ils modifient le sens d'un autre mot ou apportent des précisions. Ces mots peuvent être des noms, des adjectifs, des verbes, ou même d'autres adverbes.
Les adverbes sont **invariables**. Ils se placent généralement à côté du mot qu'ils modifient.

✓ **Les adverbes** en -ment se forment le plus souvent à partir de la forme féminine de l'adjectif :

Adroit → adroite → **adroitement**
Léger → légère → **légèrement**
Habile → habile → **habilement**

✓ Si l'adjectif se termine par **-ai, -é, -i** ou **-u**, l'adverbe se forme sur le masculin :

Vrai → **vraiment**
Aisé → **aisément**
Hardi → **hardiment**
Éperdu → **éperdument**

Dans certains cas, on ajoute aussi un accent sur le **-e**.
Intense → intense → **intensément**
Confus → confuse → **confusément**

Les adverbes apportent des précisions

✓ Ils peuvent apporter des précisions sur **la manière** : Comment ?
Exemple : Il court **vite**.

✓ Ils peuvent apporter des précisions sur **le temps** : Quand ?

Exemple : Il est arrivé **aujourd'hui**. Il est **enfin** arrivé.

✓ Ils peuvent apporter des précisions sur **le lieu** : Où ?

Exemple : Elle habite **ici**.

✓ Ils peuvent apporter des précisions sur **la quantité** : Combien ?

Exemple : Elle en a **beaucoup**.

✓ Ils peuvent apporter des précisions sur **la négation** : ne…pas, ne…plus, ne…jamais

Exemple : Pierre **ne** va **jamais** au cinéma.

Les adverbes modifient le sens

✓ L'adverbe modifie un verbe, un adjectif ou un autre adverbe.

➤ **Un verbe** :

Il marche. → Il marche **lentement**.

➤ **Un adjectif** :

Elle est grande. → Elle est **très** grande. → Elle est **assez** grande.

➤ **Un autre adverbe** :

Il marche **lentement**. → Il marche **trop** lentement. → Il marche **vraiment** lentement

✓ Adverbes en **–amment** et **–emment**

➤ Lorsque l'adverbe est dérivé d'un adjectif terminé par « **-ant** », il s'écrit avec deux **-m** : « **-amment** ».
Exemples :
Courant → cour**amment**
Méchant → méch**amment**

➤ Lorsque l'adverbe est dérivé d'un adjectif terminé par « **-ent** », il s'écrit avec deux **-m** : « **-emment** ».
Exemple :
Violent → **violemment**

<u>Mais</u> il y a des exceptions.
Exemples : lent → **lentement** ; présent → **présentement**

2) Les degrés de qualification des adverbes

Plusieurs adverbes possèdent comme les adjectifs qualificatifs, trois degrés de qualification.

Le positif

Il s'agit de l'adverbe lui-même.

Exemples :
Elle a agi **intelligemment**.
Il habite l**oin**.

Le comparatif

Il est indiqué en ajoutant **plus, moins, aussi** devant l'adverbe.

✓ Le comparatif de supériorité : **plus + adverbe + que**

Exemples :
Elle a agi **plus** <u>intelligemment</u> **que** vous.
Il habite **plus** <u>loin</u> de la ville **que** moi.

✓ Le comparatif d'infériorité : **moins + adverbe + que**

Exemples :
Ils ont agi **moins** intelligemment **qu**'elle.
J'habite **moins** loin de la ville **que** lui.

✓ Le comparatif d'égalité : **aussi + adverbe + que**

Exemples :
Ils ont agi **aussi** intelligemment **qu**'elle.
Elle habite **aussi** loin de la ville **que** lui.

Le superlatif

✓ Le superlatif : **le plus/le moins + adverbe**

Exemples :
C'est Patricia qui a agi **le plus** courageusement.
C'est moi qui habite **le moins** loin de la ville.

✓ On peut aussi utiliser un des termes : **très, fort, extrêmement, infiniment** pour marquer le superlatif :

Elle a agi **fort** intelligemment.

Exemples d'adverbes les plus courants

LES ADVERBES DE MANIERE	LES ADVERBES DE TEMPS	LES ADVERBES DE LIEU	LES ADVERBES DE QUANTITE	LES ADVERBES DE NEGATION
bien	aujourd'hui	ici	assez	ne...pas
mieux	hier	devant	peu	ne...jamais
mal	après	dessus	plus	ne...personne
plutôt	avant	derrière	beaucoup	ne...plus
volontiers	aussitôt	dedans	moins	ne...rien
même	depuis	dehors	presque	ne...point
ainsi	déjà	près	autant	ne...aucun
exprès	parfois	loin	trop	ne...guère
vite	soudain	ailleurs	davantage	ne...nullement
calmement	souvent	où	environ	ne...pas encore

V. Les pronoms

Le pronom remplace et représente le nom ou le groupe nominal, mais aussi un adjectif ou une proposition. Il en prend le genre et le nombre :

Mes enfants sont arrivés de l'école. **Ils** paraissent contents.
La maison **que** je loue est loin de la ville.

Il existe six catégories de pronoms.

1) Les pronoms possessifs

Les pronoms possessifs sont toujours précédés de « **le, la, les** ».

Leurs rôles

Le pronom possessif remplace un nom déjà exprimé et indique la possession, c'est à dire à qui appartient l'être ou la chose désignées. :

Regarde cette voiture ; c'est **la mienne**.

Aline met sa veste ; **les vôtres** sont dans la voiture.

Leurs formes

Les formes du pronom possessif indiquent :

• La personne grammaticale (1ère, 2ème ou 3ème personne) du possesseur, c'est à dire s'il y a un ou plusieurs possesseurs
• Le genre (masculin ou féminin) de l'être ou de la chose possédés
• Le nombre (singulier ou pluriel) de l'être ou de la chose possédés, c'est-à-dire s'il y a une ou plusieurs choses possédées.

Les formes des pronoms possessifs

	1ère personne	2ème personne	3ème personne
SINGULIER Un seul possesseur	\multicolumn{3}{c}{Un seul objet est possédé}		
	le mien la mienne	le tien la tienne	le sien la sienne
	\multicolumn{3}{c}{Plusieurs objets sont possédés}		
	les miens les siennes	les tiens les tiennes	les siens les siennes
PLURIEL Plusieurs possesseurs	\multicolumn{3}{c}{Un seul objet est possédé}		
	le nôtre la nôtre	le vôtre la vôtre	le leur la leur
	\multicolumn{3}{c}{Plusieurs objets sont possédés}		
	les nôtres	les vôtres	les leurs

L'accord et l'emploi des pronoms possessifs

Le genre et le nombre du pronom possessif sont variables ; ils sont liés au genre et au nombre de l'être ou de la chose possédés, ainsi qu'au nombre du possesseur :

Regarde mes nouveaux stylos, **les tiens** sont différents.
Le pronom possessif **les tiens** est masculin pluriel car il représente le nom stylos, qui est lui-même masculin pluriel. Il n'y a qu'un seul possesseur.

Nous avons oublié nos livres, prêtez-nous **les vôtres**.
Le pronom possessif **les vôtres** est masculin pluriel car il représente le nom livres, qui est lui-même masculin pluriel. Il y a plusieurs possesseurs.

La maison qui a les volets rouges est **la mienne**.
Le pronom possessif est féminin singulier car il représente le nom maison, qui est lui-même féminin singulier. Il n'y a qu'un seul possesseur.

⚠️

▶ Il ne faut pas confondre les adjectifs possessifs **notre** et **votre** avec les pronoms possessifs **le nôtre** et **le vôtre**
Notez que les pronoms possessifs ont un accent circonflexe sur le **-ô** et sont précédés d'un article.

Notre voiture est tombée en panne. Pouvons-nous emprunter **la vôtre** pour le week-end ?
Notre est un adjectif possessif ; **la vôtre** est un pronom possessif.

▶ De même, l'adjectif possessif **leur** est différent du pronom possessif **le leur**

Elles sont venues avec **leur** chat, mes cousins aussi. J'espère qu'il ne se battra pas avec **le leur**.
Leur est un adjectif possessif, **le leur** est un pronom possessif.

2) Les pronoms démonstratifs

Leurs rôles

Les pronoms démonstratifs désignent, en les remplaçant les êtres ou les personnes qu'ils représentent.

Regarde ces jupes, elles sont très belles ; je vais essayer **celle-ci**, et puis **celle-là** !
Dans cette phrase, les pronoms démonstratifs **celle-ci** et **celle-là** remplacent le nom jupe tout en désignant les jupes (la première jupe désignée est remplacée par **celle-ci**, la deuxième jupe désignée est remplacée par **celle-là**), et en prennent le genre et le nombre : féminin singulier.

Leurs formes

Il existe deux formes de pronoms démonstratifs.

Les formes simples

Exemples :

Les enfants écrivent la leçon. **Ceux** qui sont devant moi ont déjà terminé d'écrire.
Le pronom démonstratif **ceux** remplacent le nom enfants tout en les désignant et en prend le genre et le nombre : masculin pluriel

J'aime toutes ces robes ; surtout **celles** qui sont vertes.
Le pronom démonstratif **celles** remplacent le nom robes tout en les désignant et en prend le genre et le nombre : féminin pluriel.

Les pronoms démonstratifs simples

SINGULIER			PLURIEL	
MASCULIN	FEMININ	NEUTRE	MASCULIN	FEMININ
celui/ce	celle	ce/c'	ceux	celles

Les formes composées

Exemples :
Regarde ces vestes. C'est **celle-ci** qui est la plus jolie.
Le pronom démonstratif **celle-ci** remplace le nom veste tout en la désignant (une seule veste est désignée) et en prend le genre et le nombre : féminin singulier.

Parmi tous ces jouets, je me demande pourquoi il a choisi **celui-ci**.
Le pronom démonstratif **celui-ci** remplace le nom jouet tout en le désignant (un seul jouet est désigné) et en prend le genre et le nombre : masculin singulier.

Un des ordinateurs est en panne, mais je ne sais plus si c'est **celui-ci** ou **celui-là**.
Les pronom démonstratifs **celui-ci** et **celui-là** remplacent le nom ordinateur tout en désignant les ordinateurs (le premier ordinateur désigné est remplacé par **celui-ci**, le deuxième ordinateur désigné est remplacé par **celui-là**), et en prennent le genre et le nombre : masculin singulier.

Les pronoms démonstratifs composés

SINGULIER			PLURIEL	
MASCULIN	FEMININ	NEUTRE	MASCULIN	FEMININ
celui-ci celui-là	celle-ci celle-là	ceci cela/ça	ceux-ci ceux-là	celles-ci celles-là

L'emploi du pronom démonstratif

Le pronom démonstratif est souvent suivi d'un complément qui sert à le compléter :

Regarde la voiture, c'est **celle** de ma mère.
Le pronom **celle** remplace le nom voiture, il en prend le genre et le nombre et est complété par un groupe nominal complément de nom : de ma mère

De toutes ces œuvres, je préfère **celle** que j'ai vu au début de l'exposition.
Le pronom **celle** est au féminin singulier car il remplace le nom œuvre (l'œuvre que j'ai vu, il n'y en a qu'une seule, qui est elle-même féminin singulier) et est complété par une proposition relative : que j'ai vu au début de l'exposition.

✓ Les pronoms démonstratifs neutres : ce, c', ceci, cela, ça

Ils sont invariables et représentent un nom ou une idée déjà évoquée.

Tu sembles malade. **Cela** m'inquiète beaucoup.

> Le pronom démonstratif **cela**

Cela peut accompagner la désignation d'un élément éloigné dans l'espace physique.

Exemple : Vu d'ici, **cela** ressemble à un animal et non à une plante.

Dans le langage parlé ou familier, le pronom **cela** devient **ça**

Tu as entendu **ça** ?
Regarde **ça** !

> Le pronom démonstratif **ceci**

Ceci peut accompagner la désignation d'un élément rapproché dans l'espace physique.

Exemple : Ceci est une poupée de collection, pas un jouet.

> Le pronom démonstratif **ce**

Il est placé devant un verbe ou devant un pronom relatif

Je ne sais pas **ce** qu'il voudra pour son anniversaire.
C'est la même chanson qu'il écoute tous les jours.

Le pronom démonstratif **ce** subit l'élision devant la voyelle -e :
C'en est trop !

Le pronom démonstratif **ce** devient **ç'** devant la lettre -a :
Ç'a été une grande joie de le revoir.

Remarque :

▶ **Celui-ci** ou **ceci** désigne l'être ou la chose **proches** dans le temps ou dans l'espace
▶ **Celui-là** ou **cela** montre l'être ou la chose la **plus éloignée**.

Exemple :
De ces deux fauteuils, **celui-ci** est le plus confortable, mais je préfère la couleur de **celui-là**, qui est au fond du magasin.

⚠️ Il ne faut pas confondre **ce**, **adjectif démonstratif** avec **ce**, **pronom démonstratif**.

Quand **ce** est **un adjectif démonstratif**, il est placé **devant un nom masculin** :

Ce garçon s'est perdu.

Quand **ce** est **un pronom démonstratif** il est placé **devant un verbe** ou **un pronom relatif** :

Tu peux me dire ce qui t'inquiète.

3) Les pronoms relatifs

Leurs rôles

Le pronom relatif met en relation un nom ou un pronom placé avant lui et qu'il représente, avec une proposition appelée proposition relative. (voir leçon p.119)
Exemple :
Elle aperçut enfin son mari qui venait vers elle en souriant.
Le pronom relatif **qui** joint le mot mari à la proposition relative.

✓ Le mot auquel se rapporte le pronom relatif s'appelle antécédant.

Exemple. : L'élève **qui** travaille bien fait de rapides progrès.

✓ Le pronom relatif est au même genre, au même nombre et à la même personne que son antécédent.

Exemple : C'est bien **lui que** j'ai vu.
Dans cet exemple, **que** est du masculin, du singulier et de la troisième personne, parce que son antécédent **lui** est du masculin, du singulier et de la troisième personne. Le pronom relatif **que** joint le mot **lui** à la proposition relative.

Leurs formes

Il existe deux formes de pronoms relatifs : les pronoms relatifs simples et les pronoms relatifs composés.

Les pronoms relatifs simples

	MASCULIN ET FEMININ	NEUTRE
Singulier et pluriel	qui que dont où	quoi

qui, que, dont, appartiennent aux trois genres, aux deux nombres et aux trois personnes grammaticales :

Regarde la jeune fille **qui** te sourit.
(3ème personne du féminin singulier)

Regarde le garçon **qui** te sourit.
(3ème personne du masculin singulier)

Les amis **que** j'ai tant attendu sont enfin là.
(3ème personne du masculin pluriel)

Dis-moi ce à **quoi** tu penses.
(quoi est neutre)

Les pronoms relatifs composés

SINGULIER		PLURIEL	
MASCULIN	**FEMININ**	**MASCULIN**	**FEMININ**
lequel	laquelle	lesquels	lesquelles
duquel	de laquelle	desquels	desquelles
auquel	à laquelle	auxquels	auxquelles

Les accords du pronom relatif

✓ Le pronom relatif s'accorde en genre, en nombre et en personne avec son antécédent, c'est-à-dire avec le nom ou le pronom qu'il représente :

J'ai posé la question à mon fils, **lequel** m'a répondu n'avoir vu personne.

J'ai posé la question à mes fils, **lesquels** m'ont répondu n'avoir vu personne.

J'ai posé la question à Cédric et à Tom, **lesquels** m'ont répondu n'avoir vu personne.

L'emploi des pronoms relatifs

Les pronoms relatifs simples

✓ **Qui**

Qui est souvent employé comme sujet.

La voiture **qui** est tombée en panne est la mienne.

Précédé d'une préposition, **qui** est complément :

La jeune fille **à qui** tu as parlé est ma cousine.
La jeune fille **pour qui** tu es venu est ma cousine.

« Qui » est parfois employé sans antécédent :

Qui dort dîne.

✓ **Que**

Le plus souvent, **que** est complément d'objet direct (COD) et représente des personnes ou des choses :

Le chapeau **que** tu as trouvé est le mien.
Le garçon **que** tu as vu est mon fils.

On le trouve parfois employé comme sujet

Advienne **que** pourra !
Je dois réussir coûte **que** coûte !

✓ Quoi

Le pronom relatif **quoi**, toujours précédé d'une préposition, est toujours neutre et ne s'emploie que pour des choses. Il représente un antécédent également neutre ou une proposition.

La mécanique est ce à **quoi** il consacre tous ses loisirs.
Elle a deviné à **quoi** je pensais.

« Quoi » (comme **qui** et **que**) se rencontre encore dans quelques expressions comme sujet :

Nous avons encore largement de **quoi** vivre.
Vous savez maintenant de **quoi** nous avons parlé.

✓ Dont

Dont s'applique à des êtres ou à des choses ; il est l'équivalent de : de qui, duquel, desquels, de laquelle desquelles, de quoi.
Dont est toujours complément d'objet indirect :

La société **dont** je suis le gérant.
Le livre **dont** je suis l'auteur.
Voilà ce **dont** nous avons parlé hier.

Remarque :

Pour indiquer une idée de provenance, d'origine, **dont** remplace **où** lorsqu'il s'agit de **personnes** :

Le département d'**où** je viens.
Les ancêtres **dont** nous descendons.

✓ Où

La maison **où** j'ai grandi n'existe plus.
J'aime beaucoup cette ville **où** les gens sont très sympathiques.

⚠ Il ne faut pas confondre **où**, pronom relatif avec **où**, adverbe de lieu.

Quand où est un pronom relatif, il a toujours un antécédent et peut être remplacé par *dans lequel (laquelle), vers laquelle (lequel)* :

Je ne sais pas l'endroit **où** j'ai posé mes lunettes.
Dans cette phrase, **où** est *un pronom relatif*, son antécédent est endroit et il peut être remplacé par *vers lequel*.

Où l'avez-vous rencontré pour la première fois ?
Dans cette phrase, **où** est *un adverbe de lieu*.

Les pronoms relatifs composés : lequel, lesquels, laquelle, lesquelles, ...

Les pronoms composés, à la différence des pronoms relatifs simples, possèdent des formes différentes qui permettent d'indiquer de manière précise le genre et le nombre du ou des antécédents qu'ils représentent.

J'ai dîner avec la sœur de mon ami aujourd'hui, **laquelle** m'a félicité de ma bonne mine.

Nous avons rencontré sur notre route des motards, **lesquels** nous ont indiqué la direction à suivre.

Ils peuvent avoir une fonction de sujet :

Je suis allée voir un juriste, **lequel** m'a indiqué la procédure à suivre.

Ils sont aussi compléments indirects (de nom, d'objet circonstanciel) ; cette fonction est indiquée par une préposition placée avant le pronom :

Les idées pour **lesquelles** nous nous sommes battus.

4) Les pronoms indéfinis

Personne, rien, aucun(e), d'aucun(e)s, nul(e)s, l'un(e), l'autre, l'un(e) et l'autre, ni l'un(e) ni l'autre, pas un(e), plus d'un(e), plusieurs, tout, on, quelqu'un(e), quelque chose, autrui, certain(e)s, autre chose, chacun(e), tout un chacun, d'autres.

Leurs rôles

Le pronom indéfini remplace un nom qui n'est pas défini précisément. On ne sait ni qui ni quoi ni combien exactement.

Il ne faut pas faire de mal à **autrui**.
Chacun aura compris qu'il est important de bien travailler.
On nous a dit que c'était vrai.

Leurs formes

Les principaux pronoms indéfinis peuvent être classés de différentes manière.

On peut les classer en distinguant les pronoms indéfinis **invariables** et les pronoms indéfinis **variables.**

Les pronoms indéfinis invariables

SINGULIER		PLURIEL
MASCULIN	NEUTRE	MASCULIN ET FEMININ
on autrui personne quiconque	quelque chose rien	plusieurs

On peut classer les pronoms indéfinis variables : en genre, en nombre, en genre et en nombre.

Les pronoms indéfinis variables en genre

MASCULIN	FEMININ
aucun certain nul un	aucune certaine nulle une

Les pronoms indéfinis variables en nombre

SINGULIER	PLURIEL
l'autre un(e) autre	les autres des autres

Les pronoms indéfinis variables en nombre et en genre

SINGULIER		PLURIEL	
MASCULIN	FEMININ	MASCULIN	FEMININ
quelqu'un tel tout l'un	quelqu'une telle toute l'une	quelques-uns tels tous les uns	quelques-unes telles toutes les unes

On peut aussi classer les pronoms indéfinis en fonction de leur sens, **négatif** ou **positif** :

Les pronoms indéfinis de sens négatif :

aucun, aucune, nul, nulle, personne, rien, pas un, pas une

Les pronoms indéfinis de sens positif

UN SEUL ETRE/UNE SEULE CHOSE	PLUSIEURS ETRES/PLUSIEURS CHOSES	UN GROUPE D'ETRE/ UN GROUPE DE CHOSES
le même, la même l'un, l'une l'autre quelque chose quelqu'un, quelqu'une quiconque	autrui certains, certaines les mêmes les uns, les unes les autres plusieurs quelques-uns, quelques-unes	chacun chacune tous toutes

L''emploi du pronom indéfini

✓ Un(e)

Le pronom indéfini **un(e)** est souvent accompagné de l'article défini et **n'accompagne jamais un nom**. On le trouve fréquemment dans les locutions : **l'un(e) l'autre, ni l'un(e) ni l'autre, l'un(e) et l'autre**. Les adjectifs indéfinis **un(e)** et **autre**, **précédés de l'article, deviennent** alors **des pronoms indéfinis** :

Elles s'apprécient **l'une l'autre**.
Paul et Luc ont gagné le match. **L'un et l'autre** sont satisfaits.

✓ Chacun(e)

Chacun doit attendre son tour.

Chacun(e) se place avant ou après le verbe : placé **avant le verbe**, chacun(e) se construit toujours avec l'adjectif possessif **son, sa, ses** ; placé **après le verbe**, chacun(e) se construit avec son, sa, ses **ou avec leur, leurs.**

Exemple :
Rangez ces livres **chacun** à sa place ou : Rangez ces livres **chacun** à leur place.

✓ Aucun(e), autre(s), certains, plusieurs, tel(le), nul(le)

Ces mots sont employés comme **adjectifs indéfinis** ou comme **pronoms indéfinis**. Exemple :

Dans **d'autres** [1] circonstances, j'aurais pu accepter de prendre **certains** [2] risques. Dans la situation actuelle je pense qu'il ne faut en prendre **aucun** [3], même si **certain(e)s** [4] me désapprouvent et que **d'autres** [5] me critiquent.

[1] adjectif indéfini ; [2] adjectif indéfini ; [3] pronom indéfini ; [4] pronom indéfini ; [5] pronom indéfini

> ⚠ Il ne faut pas confondre **aucun(e), autre(s), certains, plusieurs, tel(le), nul(le)**, employés comme adjectif indéfini avec aucun(e), autre(s), certains, plusieurs, tel(le), nul(le), employés comme pronom indéfini. Ces mots employés comme **adjectifs indéfinis, accompagnent le nom** qu'ils déterminent. En tant que **pronoms indéfinis, ils remplacent un nom**.

✓ Tous, tout(e)

Tout peut être employé comme **pronom**, mais aussi comme **adjectif indéfini,** comme **adjectif qualificatif,** comme **nom,** ou comme **adverbe**.

Exemple :
-Prête-lui **tout** (1) le dossier avec les articles de journaux, **tout** (2) l'intéresse ! Il te rapportera le **tout** (3) demain. Il aura lu **tous** (4) les articles d'ici là.
-**Tous** (5), peut-être pas ! En tout cas, rappelle-lui qu'il n'est pas **tout** (6) seul, nous avons tous (7) besoin de ces articles. ( )
-Ne t'inquiète pas, tu les auras demain, il a **toute** (8) la journée pour les lire.

(1)(8) *tout* et *toute* sont des adjectifs qualificatifs : *tout* est adjectif qualificatif lorsqu'il a le sens d'*unique, entier*.

(2)(5)(7) *tout, tous*, sont des pronoms indéfinis. Le premier signifiant *toute chose*, le deuxième rappelant l'antécédent *articles* et le troisième employé sans antécédent ayant le sens de *tout le monde*.

(3) *tout* est un nom commun lorsqu'il est précédé d'un article ou d'un adjectif déterminatif. Notez que le pluriel de *un tout*, sera *des touts*.

(4) *tous* est adjectif indéfini joint au nom articles pour marquer une idée de quantité ; il signifie dans cet exemple : *l'ensemble des articles sans exception*.

(6) *tout* à le sens de *tout à fait, entièrement* ; il est adverbe et modifie l'adjectif seul. Rappelons que l'adverbe est invariable et qu'il peut modifier un adjectif, un verbe ou un adverbe.

✓ L'emploi des pronoms indéfinis négatifs.

Les pronoms indéfinis négatifs **aucun, aucune, nul, nulle, personne, rien, pas un, pas une** s'emploient le plus souvent avec la négation **-ne** :

Nul ne lui répondit.
Il n'a **rien** vu.

➤ Rien

Le pronom indéfini **rien** est neutre et n'est jamais précédé d'un article :

Tout est tranquille, **rien** ne se passe.

> ⚠ Il ne faut pas confondre **rien,** employé comme **pronom indéfini**, avec rien employé comme **nom masculin** : **rien** est un **nom commun** lorsqu'il est variable en nombre et est précédé d'un article :
>
> Vous vous faites du souci pour un **rien** (1).
> **Rien** (2) ne sert de courir, il faut partir à point
> Ce sont des petits **riens** (3) qui nous rendent heureux
>
> (1) nom commun (2) pronom indéfini (3) nom commun

➢ Personne

Le pronom indéfini **personne** n'est jamais précédé d'un article.

> ⚠ Il ne faut pas confondre **personne**, employé comme **pronom indéfini**, avec personne employé comme **nom commun** : personne est **un nom commun lorsqu'il est variable en nombre et est précédé d'un article.**

Exemples :
Quelle est la **personne** [1] qui est entrée après toi ?

Personne [2] n'a pénétré dans la maison après moi, j'en suis sûre.

[1] nom commun féminin s'emploie avec l'article et peut se mettre au pluriel ; [2] pronom indéfini

5) Les pronoms interrogatifs

Leurs rôles

Les pronoms interrogatifs sont des pronoms relatifs employés dans une interrogation et demandent une désignation précise de l'être ou de la chose qu'ils représentent.

Qui a parlé ?
A quoi songez-vous ?

Les pronoms interrogatifs les plus utilisés sont : **qui ? que ? quoi ? lequel ?**

Leurs formes

Il y a trois formes de pronoms interrogatifs :
Les pronoms interrogatifs simples, les pronoms interrogatifs composés, les pronoms interrogatifs renforcés.
Les tableaux suivant présentent un récapitulatif des différentes formes possibles du pronom interrogatif.

Les pronoms interrogatifs simples

	MASCULIN ET FEMININ	NEUTRE
Singulier et pluriel	qui ?	que ? /quoi ?

Les pronoms interrogatifs composés

SINGULIER		PLURIEL	
MASCULIN	FEMININ	MASCULIN	FEMININ
lequel ?	laquelle ?	lesquels ?	lesquelles ?
duquel ?	de laquelle ?	desquels ?	desquelles ?
auquel ?	à laquelle	auxquels ?	auxquelles ?

Les pronoms interrogatifs renforcés

	MASCULIN ET FEMININ	NEUTRE
Singulier ou pluriel	qui est-ce qui ? qui est-ce que ?	qu'est-ce qui ? qu'est-ce que ? à quoi est-ce que ? de quoi est-ce que ?

La place des pronoms interrogatifs

Dans l'interrogation directe, les pronoms interrogatifs se placent en tête de la phrase interrogative (ils ne dépendent pas d'un verbe précédent) :

Qui part ?
Qu'est-ce que tu veux ?

Dans l'interrogation indirecte, l'interrogation est exprimée par une proposition subordonnée complément d'objet d'un verbe de sens interrogatif (Leçon p.114). Les pronoms interrogatifs sont placés en tête de la proposition subordonnée.

Dites-moi **qui** vous a menacé.
Demande-moi ce **que** tu veux.

L'emploi des pronoms interrogatifs

✓ Qui

Qui peut remplacer un nom masculin ou féminin. Il peut s'employer avec des prépositions (à, de, par, pour...) dans des interrogations directes ou indirectes. **Qui est sujet, attribut** ou **complément d'objet.**

Qui[1] vous a appelé ?
Qui[2] as-tu rencontré ? - ton père
À qui[3] avez-vous demandé votre chemin ?

[1] *Sujet ;* [2] *attribut ;* [3] *complément d'objet direct*

✓ Que ou quoi sont employés pour représenter des choses :

Que[1] lui est-il arrivé ?
Qu'[2] est-elle devenue ?
Que[3] voulez-vous ?
De **quoi**[4] vivras-tu ?

[1] *sujet ;* [2] *attribut ;* [3] *complément d'objet direct ;* [4] *complément d'objet indirect*

> **Quoi** est employé à la place de **que** :

• Pour représenter le sujet ou le complément d'objet d'un verbe non exprimé, on emploie **quoi** à la place de **que** :

Quoi de neuf ?

• Lorsque le pronom est **précédé d'une préposition** et a une **fonction de complément indirect** :

A **quoi** penses-tu ?
De **quoi** avez-vous parlé ?

✓ Les pronoms interrogatifs composés

Ils s'emploient pour représenter un antécédent ou un complément :

Lequel de ces livres veux-tu acheter ?
Le pronom **lequel** a une *fonction sujet* et représente le complément livres.

Parmi toutes ces imprimantes laser, **laquelle** choisiriez-vous ?
L'antécédent est le nom imprimantes laser ; **laquelle** occupe une fonction de complément d'objet.

✓ Les pronoms interrogatifs renforcés

Ils s'emploient seulement dans l'interrogation directe :

De **qui est-ce que** tu parles ?

Qu'est-ce que vous voulez dire ?

✓ Dans l'interrogation indirecte on dira :

Je ne comprends pas de **qui** tu parles.

Je me demande ce **que** tu veux dire.

✓ Pour poser des question **sur des personnes**, on emploie **qui est-ce qui** (sujet) ou **qui est-ce que** (complément) :

Qui est-ce qui[1] vient dîner ce soir ?

Avec qui est-ce que[2] tu viens dîner ce soir ?

De qui est-ce que[3] tu parles ?

[1] *sujet ;* [2] *complément circonstanciel ;* [3] *complément d'objet indirect*

✓ Pour poser des questions **sur des choses**, on emploie **qu'est-ce qui** (sujet) ou **qu'est-ce que**, ou **…quoi est-ce que** (complément) :

Qu'est-ce qui[1] te contrarie à ce point ?

Qu'est-ce que[2] tu veux ?

En quoi est-ce que[3] tu crois ?

[1] *sujet,* [2] *complément d'objet direct,* [3] *complément circonstanciel*

6) Les pronoms personnels

Leurs rôles

Le pronom personnel s'emploie **à la place du nom**. Son rôle est de **remplacer un nom déjà exprimé** pour éviter une répétition et de préciser la personne grammaticale :

L'inondation des maisons affola les habitants du hameau et **ils** durent **les** abandonner temporairement.
Dans cet exemple, les pronoms personnels **ils** et **les** remplacent les noms habitants et maisons, dont ils évitent la répétition.

Il existe trois personnes grammaticales :

Les personnes grammaticales précisent que l'action exprimée par le verbe peut être faite par :
▶ Le locuteur : c'est la personne qui parle (1ère personne du singulier ou du pluriel)
je parle. **nous** parlons

▶ L'interlocuteur : c'est la personne à qui l'on parle (2ème personne du singulier ou du pluriel)
tu parles. **vous** parlez

▶ L'être ou la chose dont on parle (3ème personne du singulier ou du pluriel)
il parle. **ils** parlent

Leurs formes

Les formes du pronom personnel **varient** en fonction **de la personne grammaticale, du nombre** et **de la fonction** qu'ils occupent.

Les pronoms personnels, en fonction de leur nature et de l'importance qu'ils ont dans la proposition, prennent des formes atones ou accentuées.

• **Les formes atones**, c'est-à-dire **peu mises en relief**, sont **placées directement avant ou après le verbe**, dont elles ne peuvent être éventuellement séparées que par un autre pronom ou par la négation **ne**.

Je parle. **Elle** m'écoute, mais **elle** ne répond pas

• **Les formes accentuées**, dites aussi toniques, qui sont davantage **mises en relief** dans la proposition pour marquer une mise en évidence, une insistance, une opposition ou une coordination par rapport à un autre terme :

C'est **moi** le seul responsable, pas **elle** !

Les tableaux suivant présentent un récapitulatif des différentes formes possibles du pronom personnel.

Les formes atones du pronom personnel

	1ère personne	2ème personne	3ème personne	1ère personne	2ème personne	3ème personne
	SINGULIER			PLURIEL		
SUJET	je	tu	il, elle, on	nous	vous	ils, elles
COD [1]	me	te	le, la, les	nous	vous	les
COI [2]	me	te	lui, en, y	nous	vous	y, en, leur
CC [3] de lieu			y, en			y, en

[1] complément d'objet direct ; [2] complément d'objet indirect ; [3] complément circonstanciel

Les formes accentuées du pronom personnel

	1ère personne	2ème personne	3ème personne
SINGULIER	moi	toi	lui, elle, soi
PLURIEL	nous	vous	eux, elles

Les pronoms personnels réfléchis

	1ère personne	2ème personne	3ème personne
SINGULIER	complément : **me** réfléchi : **me**	complément : **te** réfléchi : **te**	complément : **lui** réfléchi : **se**
PLURIEL	complément : **nous** réfléchi : **nous**	complément : **vous** réfléchi : **vous**	complément : **leur** réfléchi : **se**

Les fonctions et l'emploi des pronoms personnels

✓ Les formes et les fonctions du pronom personnel

Les formes du pronom personnel sont liées, non seulement aux personnes grammaticales, mais aussi à la fonction que le pronom occupe dans la phrase. Prenons quelques exemples :

J'entends **Valérie** chanter. **Je** l'écoute avec admiration.
J' et **Je** : *pronoms personnels sujet* ; **Valérie** : *nom complément d'objet* ; **l'** : *pronom personnel complément d'objet direct*.

Elle lui adressa la parole avec condescendance.
Elle : *pronom personnel sujet* ; **lui** : *pronom personnel complément d'objet indirect*.

Nous y réfléchirons à tête reposée demain.
Nous : *pronom personnel sujet* ; **y** : *pronom personnel complément d'objet indirect*.

-Rends-**moi** mon téléphone tout de suite, **tu** es un voleur !
Moi : *pronom personnel complément d'attribution* ; **tu** : *pronom personnel sujet*

✓ Emploi des formes accentuées

> Les formes accentuées du pronom personnel sont utilisées après une préposition ou pour mettre l'accent sur la personne dont on parle :

Toi, tu penses qu'il a raison ; **moi**, je crois qu'il se trompe. **Eux**, ils ne se posent pas la question.

Pense à **elle** !

→ Pour insister davantage sur la forme accentuée, on peut ajouter **même(s)** :

Je viendrais vous livrer ce bureau **moi-même**.

Toi-même ne crois pas à ce que tu dis.

> Les formes accentuées peuvent remplacer :

→ Un pronom sujet :

Qui est le **premier arrivé** ? -**Lui**
(il est le premier arrivé)

→ Un pronom complément :

Pense un peu à **lui** et oublie-**moi**.

→ Un pronom sujet de verbes à l'infinitif :

Laisse-**moi** faire.

→ Les formes accentuées peuvent aussi avoir une fonction d'attribut :

Mon meilleur ami, c'est **toi**.

✓ Emploi de vous et de nous

➢ Dans le pluriel de politesse, **vous**, forme de la **2ème personne du pluriel**, peut **remplacer les formes tu, te, soi de la 2ème personne du singulier** :

Bonjour, Monsieur. Je **vous** en prie, entrez et asseyez-**vous**. Désirez-**vous** un café ?

> ⚠ Attention à l'accord du participe passé et de l'adjectif qui restent au singulier quand on emploi le vous de politesse, pour s'adresser à une seule personne :
> Madame, **vous** êtes bien install**ée**, j'espère.

➢ **Nous** peut désigner **des groupes de personnes dont le locuteur (la personne qui parle) fait toujours partie** :

Nous irons marcher dans la forêt et **nous** ne changerons pas d'avis
Nous peut désigner ici des groupes différents, **moi et lui** ou **moi et elle** (deux personnes) ou **moi et eux** (plusieurs personnes).

➢ **Vous** et **nous** peuvent s'employer :

→ Comme sujet :

Vous lui parlez souvent d'elle.
Nous jouons souvent aux échecs ensemble.

→ Comme complément d'objet :

Elle est venue **vous** voir hier.
vous est *complément d'objet direct*

Je pense souvent à **vous**.
vous est *complément d'objet indirect*

→ Comme complément circonstanciel ou d'attribution :

Si j'ai agi ainsi, c'est pour **nous**.

S'il vous plaît, donnez-**nous** la solution pour résoudre cette énigme.

Nous sommes fatigués. Laissez-**nous** vous attendre ici.

✓ Emploi des formes lui, eux, elle, elles

➢ Employées comme sujet, les formes **lui, eux** remplacent les formes atones.
il, ils, elle, elles sont des formes à la fois atones et accentuées :

Lui, en me regardant, se mit à rire devant ma mine déconfite et **il** persuada ma mère de me laisser sortir.
Dans cet exemple, **lui** est une forme accentuée et **il** est une forme atone.

Elle, en me voyant arriver fut si heureuse qu'**elle** en avait les larmes aux yeux.
Dans cet exemple, le premier elle est une forme accentuée et le deuxième elle est une forme atone.

> Placées après un verbe, les formes **lui, eux, elle, elles,** sont souvent complément d'attribution :

Donne-**lui** ton avis, elle en tiendra compte.

J'irais avec **eux** ou avec **elles**.

✓ Emploi de on

On est toujours sujet et **s'emploie au singulier**. Il peut avoir plusieurs sens :

> Il évoque de façon vague un groupe ou une personne (quelqu'un, les gens) :

On sonne à la porte, va ouvrir.
On veut dire quelqu'un

On lit moins de nos jours.
On veut dire les gens.

> Il correspond à un pronom personnel comme je, tu, vous, nous :

On est très content pour eux !

Mon frère et moi, **on** est invit**és**.
On remarque dans cet exemple que l'attribut **invités** s'accorde en nombre et en genre avec les personnes (mon frère et moi) correspondant à on.

✓ Les règles d'élision du pronom personnel

Les pronoms personnels **je, la, le, me, te, se** s'élident (perdent leur voyelle) devant les mots **en, y**, et devant une voyelle ou devant la lettre **h** muette :

J'y pense tous les jours.

Voici son doudou ; il **l'**emporte toujours avec lui.

Te rappelles-tu ce que tu **m'a**s dit jeudi ?

Ne **t'é**nerve pas et écoute-**nous** un peu !

Elle **s'**endormit en pensant aux événements de la veille.

✓ Les pronoms personnels de genre neutre

> Les pronoms personnels **y, il, le, en** peuvent être de genre neutre :

J'ai du mal à **y** croire.

Il a beaucoup plu cette année.

Tu t'en rappelles encore bien, je **le** sais.

Elle ne dit mot, mais elle n'**en** pense pas moins.

⚠️ Il ne faut pas confondre les pronoms personnels **en** et **y** avec les adverbes de lieu.

▶ Quand **en** ou **y** est **adverbe de lieu**, il indique **l'endroit où l'on est, où l'on va, d'où l'on vient, que l'on traverse.**

▶ Quand **en** ou **y** est un **pronom personnel** il sert **à exprimer une idée, un nom, ou une proposition** :

J'ai beau **y** [1] penser, je ne vois pas de solutions.
Tu **y** [2] vas vraiment aujourd'hui ?
Es-tu allé chercher le pain ? -Oui, j'**en** [3] viens.
Mes paroles ont dépassé ma pensée. J'**en** [4] conviens.

[2][3] *adverbes de lieu ;* [1] [4] *pronoms personnels*

✓ Emploi de soi

Soi remplace **lui** ou **elle** dans les cas suivants :

➢ Après un verbe impersonnel ou infinitif :

Il faut prendre soin de **soi**.

Il est important de penser à **soi**.

Penser à **soi** est important.

➢ Après un pronom indéfini (on, personne, etc.) :

Personne ne doit penser à **soi** devant une telle catastrophe.

La place du pronom personnel

✓ **Le pronom personnel, lorsqu'il est complément d'objet direct (COD), se place avant le verbe :**

J'ai vu ce **garçon** entrer dans la maison.

Je l'ai vu entrer.

Dans ces deux exemples, le nom garçon et le pronom l'sont COD.

✓ **Lorsque le pronom personnel est précédé d'une préposition, il occupe la même place que le groupe nominal** :

Carole est venue nous rendre visite avec **sa meilleure amie**
Carole est venue nous rendre visite avec **elle**.

Carole est venue avec **sa meilleure amie** nous rendre visite.
Carole est venue avec **elle** nous rendre visite.

Avec **sa meilleur amie**, Carole est venue nous rendre visite aujourd'hui.
Avec **elle**, Carole est venue nous rendre visite aujourd'hui.

✓ La place du pronom personnel employé avec un verbe à l'impératif :

➤ A la forme affirmative, le pronom personnel est placé après le verbe :

Ecoute-**la**, elle cherche à te parler.

Cueille cette pomme et **mange-la**.

Regarde cette balle : **donne-la-leur**.

Penses-y !

➤ A la forme négative, le pronom personnel est placé avant le verbe :

Ne **l'écoute** pas.

Ne cueille pas cette pomme et ne **la mange** pas.

N'**y penses** pas.

➤ Lorsque le verbe est complété par deux pronoms compléments, ils sont placés avant le verbe mais différemment selon qu'il s'agit de pronoms de la 1ère, 2ème ou 3ème personne :

→ avec un pronom à la 1ère ou 2ème personne et un pronom à la 3ème personne, l'ordre est le suivant :
autre pronom + pronom complément d'objet direct :

Jean **me l'**a donné.

Je **te l'**avais bien dit.

Elle **me l'**a prêté.

Dans les phrases ci-dessus, **l'**est **le pronom complément d'objet direct**.

→ Avec deux pronoms de la 3ème personne, l'ordre est le suivant :
Pronom complément d'objet direct + autre pronom

Je **le lui** ai conseillé.

Je **la lui** ai offerte.

Vous **le leur** avez prêté.

Dans les phrases précédentes, **le, la, le** est le pronom complément d'objet direct.

⚠ Les pronoms personnels **en** et **y** se placent après les autre pronoms compléments :

Je **lui en** offre.
Offrez-**lui-en** !

Le pronom personnel réfléchi

✓ Le pronom personnel est réfléchi lorsqu'il sert à former des verbes pronominaux :

Je **me** moque de toi. Elles **se** disputent souvent

Un verbe pronominal est dit réfléchi lorsque le sujet fait l'action qui, dans le même temps, renvoie sur ce même sujet.

→ Dans les phrases :

Je me coiffe.

Tu te blesses.

Ils se regardent.

L'action revient sur le sujet qui **subit sa propre action**. Dans ce cas, le pronom personnel réfléchi peut être **complément d'objet direct ou indirect**.

→ A l'inverse, dans les phrases :

Je m'enfuis.

Elle s'endort.

Le pronom **se** représente le sujet, mais ce dernier **ne subit pas l'action** qu'il a faite ; **le verbe** est alors **intransitif.** (Les verbes d'action : transitifs et intransitifs p.89)

VI. Le verbe

Le verbe est un mot qui marque l'existence, l'état, la manière d'être d'un sujet ou bien l'action que fait ou subit le sujet.

On distingue cinq sortes de verbes : le verbe transitif, le verbe intransitif, le verbe passif, le verbe pronominal et le verbe impersonnel.

Les verbes **avoir** et **être** sont appelés **verbes auxiliaires** lorsqu'ils servent à conjuguer les autres verbes dans leurs temps composés.

1) Les modifications grammaticales du verbe

Le verbe est sujet à plusieurs changements ou modifications : **la personne, le nombre, le temps, le mode** et **la forme**

- **La personne** est la modification que présente le verbe suivant que le sujet est de la première, de la deuxième ou de la troisième personne du singulier ou du pluriel :

Je suis, **tu** es, **il** est, **nous** sommes, **vous** êtes, **ils** sont.

- **Le nombre** est la modification que présente le verbe suivant que le sujet est du singulier ou du pluriel :

Je cr**ois**, nous cro**yons**.

- **Le temps** est la modification que présente le verbe pour indiquer à quelle époque se rapporte l'existence, l'action ou l'état dont on parle. Il y a trois temps principaux : le présent, le passé et le futur

→ Le présent indique que l'action a lieu au moment où l'on parle, ou habituellement :

Je lis en ce moment.

→ Le passé indique que l'action a eu lieu avant le moment où l'on parle. Le passé comprend **l'imparfait, le passé simple, le passé composé** :

Je lisais, je lus, j'ai lu.

→ Le futur indique que l'action aura lieu après le moment où l'on parle :

J'écrirai

On appelle **temps simples** les temps qui se forment **sans auxiliaire** et **temps composés** ceux qui se forment **avec un auxiliaire** :

J'ai écrit [1].
J'écris [2].
Nous serons partis [3]

(1)(3) temps composé, (2) temps simple

- **Le mode** est la modification que présente le verbe pour exprimer de quelle manière ont lieu l'existence, l'action ou l'état. On compte six modes : l'indicatif, le conditionnel, l'impératif, le subjonctif, l'infinitif et le participe.

● **La forme** indique le rôle du sujet dans l'action. Il y a trois formes :

→ La forme active est celle que prend le verbe lorsque le sujet fait l'action : Je sers.

→ La forme passive est celle que prend le verbe lorsque le sujet supporte l'action : Je suis servi.

→ La forme pronominale lorsque le sujet et le pronom complément désignent le même être : Je me sers.

2) Les catégories de verbes

Les verbes d'état

Les **verbes d'état** ou **verbes attributifs** sont les verbes qui expriment un état ou un changement d'état. **Ils n'ont pas de complément d'objet direct (C.O.D.) ni de complément d'objet indirect (C.O.I.), mais un attribut du sujet.** (voir leçon p.128)

Les verbes d'état sont : **être, paraître, sembler, demeurer, devenir, rester**, ainsi que les locutions verbales **avoir l'air** et **passer pour**, etc.

Nos places **sont** occupées.
Dans cette phrase, le mot **sont** est un verbe d'état ; le mot **places** est sujet ; le mot **occupées** est attribut.

Cette femme **est** jolie.
jolie est attribut du sujet femme.

> **L'attribut** du sujet peut être **un nom, un pronom, un adjectif, un verbe** (infinitif ou participe) ou **un mot invariable.** Lorsqu'il s'agit d'un mot variable l'attribut s'accorde en nombre et en genre avec le sujet auquel il se rapporte :

Ces femmes **sont** joli**es**.

La lumière **est** éteint**e**.

Cet homme **semble** heureux.

Ce jeune homme **paraît** suspect.

Les verbes d'action : transitifs et intransitifs

Les verbes d'action sont des verbes qui **expriment une action faite ou subit par le sujet.**
Les verbes d'action renferment à la fois le verbe et la qualité attribué au sujet :

Patrick **chante**.
le verbe **chanter** indique la qualité attribuée au sujet Patrick

Les verbes à la voix active (verbes d'action) sont transitifs ou intransitifs.

a) Les verbes transitifs

Les verbes transitifs expriment une action qui passe du sujet sur un objet, une personne ou une chose :

Pierre **mange** un gâteau.
Dans cet exemple, Pierre fait l'action de manger, et son action passe sur le gâteau qui la reçoit : le verbe manger est un verbe transitif.

On reconnaît qu'**un verbe est transitif** lorsqu'on peut mettre « **quelqu'un** » ou « **quelque chose** » après ce verbe.

Par exemple, les verbes aimer et lire sont des verbes transitifs parce qu'on peut dire :

J'**aime** quelqu'un.
Je **lis** quelque chose.

> **Les verbes transitifs directs** :

Les verbes transitifs directs se construisent avec un complément d'objet direct (COD) : l'objet est directement relié au verbe, sans l'intermédiaire d'une préposition ; le complément subit directement l'action :

Claire **raconte** une histoire.
histoire exprime l'objet de l'action indiqué par **raconte**. histoire est donc complément d'objet direct, c'est-à-dire le mot sur lequel porte directement l'action exprimée par le verbe **raconte**.

Remarque :

▶ Dans une phrase on reconnaît le **complément d'objet direct** en posant après le verbe la question : **qui ?** ou **quoi ?**

Paul **aime** son cheval.
Paul **aime** qui ? son cheval ; le complément d'objet direct (COD) est cheval

⚠ Il ne faut pas confondre le complément d'objet direct avec *l'attribut*. Le complément d'objet direct représente une personne ou une chose distincte du sujet. :

Pierre **mange** un gâteau.
le sujet Pierre et le COD gâteau, sont différents l'un de l'autre.

Pierre **est** gourmand.
l'attribut gourmand désigne la même personne que *le sujet* Pierre.

> **Les verbes transitifs indirects** :

Les verbes transitifs indirects se construisent avec un complément d'objet indirect (COI) : l'objet est indirectement relié au verbe par l'intermédiaire d'une préposition (à, de, par, pour, sans, etc.)

Elle **a succédé** à sa mère à la direction de l'entreprise.
Elle a succédé à qui ? à sa mère (COI)

Ce chien n'**obéit** pas souvent à son maître.
Ce chien n'obéit pas à qui ? à son maître (COI)

Remarque :

▶ Dans une phrase on reconnaît le **complément d'objet indirect** en posant après le verbe la question : **à qui ?** ou **à quoi ? de qui ?** ou **de quoi ? pour qui ?** ou **pour quoi ? par qui ?** ou **par quoi ?**

Je **doute** de ses chances de réussir.
Je **doute** *de quoi* ? Réponse : *de ses chances de réussir. Le complément est un complément d'objet indirect (COI).*

⚠ Certains verbes transitifs directs peuvent avoir deux compléments à la fois, un complément d'objet direct et un complément d'objet indirect :

Pauline **a offert** un gâteau à son père.
un gâteau est *complément d'objet direct* ; à son père est complément d'objet indirect, appelé complément d'objet second

Donne-moi ce livre.
Donne *quoi* ? ce livre est le *complément d'objet direct* de cette phrase.
Donne *à qui* ? réponse : *moi*. L'action de donner aboutit à *moi*.
moi est *un complément d'objet indirect* (second) parce qu'il signifie en réalité **à moi**

b) Les verbes intransitifs

Les verbes intransitifs expriment **l'état** du sujet ou **une action faite par le sujet**. Ils n'ont pas de complément d'objet car ils expriment une action qui ne sort pas du sujet :

L'enfant dort.
L'homme marche.

▶ On sait qu'**un verbe est intransitif** lorsqu'**on ne peut pas écrire après lui « quelqu'un » ou « quelque chose »**.

Par exemple, dormir et marcher sont des verbes intransitifs parce qu'on ne peut pas dire : je dors quelqu'un ou je marche quelqu'un.

Les principaux verbes intransitifs sont :

→ Les verbe **être** ou **exister**

→ Des verbes d'état : **paraître, sembler, devenir, rester…**

→ Des verbes indiquant les différentes étapes d'une évolution : **naître, grandir, vieillir, mourir…**

⚠ Un même verbe peut être employé transitivement ou intransitivement, c'est-à-dire qu'il peut avoir ou ne pas avoir de complément d'objet :

Je mange du pain.
verbe transitif

Je mange.
verbe intransitif

Les verbes passifs

Le verbe passif est un verbe qui **exprime une action reçue** ou **subit par le sujet**.

On reconnaît qu'un verbe est passif quand, après lui, on peut mettre les mots « **par quelqu'un** » ou « **par quelque chose** ».

Le méchant **sera puni**.
Tous les citoyens **sont protégés** par la loi.

Être puni, être protégé, sont des verbes passifs, parce qu'on peut dire : être puni par quelqu'un, être protégé par quelque chose.

✓ **Les verbes passifs n'ont qu'une seule forme de conjugaison ; elle consiste à ajouter à tous les temps du verbe être le participe passé du verbe que l'on veut conjuguer.**

Il faut accorder le participe passé avec le sujet, en genre et en nombre.

➢ Pour transformer une phrase active en phrase passive :

Le sujet de la phrase active devient le complément d'agent de la phrase passive et le complément direct de la phrase active devient le sujet de la phrase passive.

Le chat a mangé **la souris** → **La souris** a été mangé par **le chat.**

Dans une phrase à la forme passive, c'est l'auxiliaire qui indique le temps :

TEMPS	PHRASE ACTIVE	PHRASE PASSIVE
PRESENT	Ève croque la pomme	La pomme est croquée par Ève
IMPARFAIT	Ève croquait la pomme	La pomme était croquée par Ève
FUTUR	Ève croquera la pomme	La pomme sera croquée par Ève
PASSE COMPOSE	Ève a croqué la pomme	La pomme a été croquée par Ève

Les verbes pronominaux

Les verbes pronominaux (voir conjugaison p 218) sont des verbes qui se conjuguent avec deux pronoms de la même personne, dont le premier pronom est sujet et le deuxième pronom (me, te, se, nous, vous) est complément. Ils représentent tous les deux le même être ou le même objet et ne perturbent pas l'accord du verbe avec son sujet :

Je me défends.
Il s'est fait une blessure.

✓ A l'infinitif ces verbes prennent le pronom « **se** » : se lever, se taire, se coucher, se battre, etc.

On appelle **verbe strictement pronominal** les verbes qui ne se trouvent qu'à la forme pronominale comme s'enfuir, s'évanouir, s'écrier, s'évader, etc.

✓ Les verves pronominaux peuvent être des verbes transitifs ou intransitifs :

> Dans les verbes comme **s'évader, se douter, s'enfuir**... le pronom « **se** » représente le sujet mais le **sujet ne subit pas l'action**. Le verbe est donc **intransitif**.

Il s'enfuit.
Il se doute.

> Dans les verbes comme **se faire mal, se blesser, se coiffer**... **le sujet fait l'action** indiquée par le verbe **et la subit** en même temps. Le verbe est donc transitif. On appelle aussi ces verbes pronominaux transitifs **des verbes pronominaux réfléchis**.

Il se fait mal.
Elle se coiffe.

> Lorsqu'on conjugue **les verbes pronominaux à un temps composé, on va utiliser l'auxiliaire « être »** et le participe passé du verbe. :

Exemple : le passé composé du verbe « se lever » :

Je me suis levé(e).
Tu t'es levé(e).
Il s'est levé, **elle** s'est levée.
Nous nous sommes levés(es).
Vous vous êtes levés(es).
Ils se sont levés, **elles** se sont levées.

Les verbe impersonnels

Certains verbes intransitifs n'utilisent pas les trois personnes grammaticales et sont appelés verbes impersonnels.
Ils ne s'emploient qu'à **la troisième personne du singulier**. Ils ont pour sujet le pronom neutre **il**, qui ne tient ni la place d'un nom de personne, ni celle d'un nom de chose.

> Les verbes impersonnels sont des verbes qui expriment des phénomènes naturels :

Il **pleut**.
Il **neige**.

> D'autres verbes comme **il faut, il y a, il fait**, sont également considérés comme des verbes impersonnels :

Il y a trop de monde ici.
Il faut que tu viennes me voir.
Il fait froid.

3) L'accord du verbe

La règle générale

Le verbe **s'accorde toujours en nombre (singulier ou pluriel) et en personne (1ère, 2ème, 3ème personne) avec son sujet**, qu'il soit clairement exprimé ou sous-entendu.

Pour trouver le sujet du verbe, il faut poser la question : **Qui est-ce qui ?** (ou **qu'est-ce qui ?**) devant le verbe.

Les lévriers **courent** très vite.
Qui est-ce qui court ? les lévriers : 3ème personne du pluriel (ils)

La gazelle au fond de la forêt **est** très rapide.
Qui est-ce qui est rapide ? la gazelle : 3ème personne du singulier (elle)

Les cas particuliers de l'accord du verbe

✓ **Inversion du sujet :** le sujet se trouve placé après le verbe

Les invités apprécient les plats qu'**a préparé** la maîtresse de maison.

On trouve aussi l'inversion du sujet à la forme interrogative quand le sujet est un pronom personnel :

Quand **reviendras**-tu ?

✓ Quand le sujet du verbe est un **adverbe de quantité** (beaucoup, peu, combien, trop, tant) le verbe s'accorde avec le complément de cet adverbe :

Peu de gens **connaissent** cette recette.

Il est regrettable que tant de personnes **meurent** encore aujourd'hui à cause du cancer.

✓ **Quand un verbe a pour sujet un collectif** (un grand nombre de, un certain nombre de, une partie de, la majorité de, la minorité de, une foule de, la plupart de, une infinité de, une multitude de, la totalité de…) suivi de son complément, **il s'accorde selon le sens voulu par l'auteur**, avec le collectif ou avec le complément. Il n'y a pas de règles précises.

Une multitude de papillons **vole** autour de moi.
Dans cette phrase, une multitude de est considérée comme une seule entité.

Une multitude de papillons **volent** autour de moi.
Dans cette phrase, ce sont tous les papillons qui volent

✓ Lorsque le verbe dépend **d'une fraction au singulier (la moitié, un tiers, un quart**, …) ou **d'un nom numéral au singulier (la douzaine, la vingtaine, la centaine**, …) et s'il y a un complément au pluriel, l'accord se fait avec ce complément.

La moitié des pages de ce livre **sont** illisibles.

Un quart de la population ne **sait** pas nager.

✓ Lorsqu'un verbe a **plusieurs sujets singuliers**, il se met au pluriel :

L'automne et l'hiver **sont** mes deux saisons préférées.

Luc, Marianne et son frère **vont** souvent à la pêche ensemble.

✓ Plusieurs verbes peuvent avoir le même sujet :

Le guépard **boit, lève** la tête et **s'enfuit**

✓ **Lorsqu'un verbe a plusieurs sujets,** pour éviter les confusions **on remplace les sujets par le pronom personnel équivalent** :

Corinne, Charline et moi **recherchons** une maison à louer.
Dans cette phrase, pour trouver l'accord du verbe, on remplace les sujets Corinne, Charline, moi par *le pronom personnel nous* : nous recherchons

Nos voisins et mes parents s'**entendent** bien.
Dans cette phrase, pour trouver l'accord du verbe, on remplace les sujets voisins et parents par le *pronom personnel ils* : ils s'entendent.

✓ Lorsque deux sujets sont joints par : **ainsi que, aussi bien que, autant que, comme, de même que, pas plus que** …, le verbe s'accorde avec les deux sujets sauf si l'un d'eux est dominant :

L'Argentine, comme le Brésil, **appartiennent** au continent sud-américain.

La **fatigue**, autant que l'ennui, **est** responsable de mes bâillements.

✓ Lorsque deux sujets sont joints par **moins que, plus que, plutôt que, et non**, le verbe s'accorde avec le premier sujet :

La vertu, et non les vices nous **apportera** une meilleure vie.

✓ Quand le verbe a pour sujet un pronom **tout, rien, ce**, qui reprend plusieurs noms, il s'accorde avec ce pronom :

Une glace, un gâteau, un bonbon, tout **réjouit** Marie.

✓ Après **plus d'un**, le verbe se met au singulier ; après **moins de deux**, il se met au pluriel.

Plus d'un enfant **aime** le chocolat.

Moins de deux essais **ont** permis de démarrer le moteur du bateau.

Le participe

Le participe est un mode impersonnel. (On ne peut pas distinguer les personnes grammaticales : je, tu, il/elle/on, nous, vous, ils/elles). Il comprend deux temps simples : le présent et le passé, et un temps composé : le participe passé composé. Le participe est un mot qui tient du verbe et de l'adjectif.

Un enfant **aimant** son chien.
Des histoires bien **racontées**.

Le participe présent

Le participe présent est toujours terminé par -ant. Pour le former, on prend le radical du verbe (Leçon p.141) à la 1re personne du pluriel au présent puis on remplace la terminaison **-ons** par **-ant**. Exemples :

Verbes	1ère pers. pluriel du présent de l'indicatif	Participe présent
chanter	nous **chant**ons	chantant
finir	nous **finiss**ons	finissant
partir	nous **part**ons	partant
coudre	nous **cous**ons	cousant

<u>Mais</u> trois verbes ont une forme irrégulière au participe présent :
avoir → ayant ; être → étant ; savoir → sachant

✓ Les valeurs du participe présent :

➢ Il peut avoir **la valeur d'un verbe** il est alors **invariable** et s'emploie surtout à l'écrit. Il indique une action présente, passée ou future

Des écoliers **étudiant** avec ardeur.
étudiant : *valeur d'un verbe*, invariable → Des écoliers qui étudient avec ardeur

La mère surveillait ses enfants **jouant** dans le jardin.
Dans cet exemple, **jouant**, valeur d'un verbe : invariable, signifie *qui jouaient dans le jardin*

Lorsqu'il est précédé de **en**, il est appelé **gérondif** et est invariable. Il indique une action qui se déroule en même temps que celle exprimée par le verbe principal :

Il arriva **en marchant, en regardant** autour de lui.

➢ Il peut aussi avoir **la valeur d'un adjectif**, on l'appelle alors **adjectif verbal et exprime un état** ou **une propriété**. Celui-ci s'accorde en genre et en nombre.

Une <u>équipe</u> **surprenante**.
surprenante : *adjectif verbal* qui s'accorde avec *le nom* <u>équipe</u>

Des <u>histoires</u> **passionnantes**.
passionnantes : *adjectif verbal* qui s'accorde avec *le nom* <u>histoires</u>

⚠️ Dans certains cas l'adjectif verbal a une orthographe différente du participe présent. Exemples :

Participe présent	Adjectif verbal
provoquant	provocant
différant	différent
somnolant	somnolent
excellant	excellent

Le participe passé

Le participe passé permet de **former les temps composés avec les auxiliaires être ou avoir, ou les verbes à la voix passive**. Il intervient dans les constructions des temps des modes suivants :

- À l'indicatif : le passé composé, le plus-que-parfait, le passé antérieur, le futur antérieur ;
- Au conditionnel : le passé première forme, le passé deuxième forme
- Au subjonctif : le passé, le plus-que-parfait
- À l'impératif : le passé
- À l'infinitif : le passé
- Au participe : le passé (forme composée).

Le participe passé employé sans auxiliaire

Employé sans auxiliaire, le participe passé joue le rôle d'un verbe ou d'un adjectif. Dans les deux cas, il **s'accorde en genre et en nombre avec le mot auquel il se rapporte** :

Tout le monde se mit à rire à gorge **déployée**.
déployée : adjectif épithète (adjectif qualificatif qui n'est pas relié au nom par un verbe).

Épuisée, elle s'endormit rapidement.
épuisée : *verbe*

Le participe passé employé avec l'auxiliaire être

Le participe passé employé avec l'auxiliaire être s'accorde en genre et en nombre avec le nom principal du groupe sujet.

Les jeunes filles sont sort**ies** de la classe.

Pierre est descend**u** de l'autobus.

Elle était admir**ée** pour sa beauté.

Accord des verbes pronominaux avec l'auxiliaire être :

Les verbes pronominaux se conjuguent avec l'auxiliaire **être** aux temps composés **mais** leur participe passé peut être soit variable, soit invariable. :

▶ Le participe passé **s'accorde** avec le sujet de la phrase **lorsque sujet et complément d'objet direct** (le pronom réfléchi) **renvoient à la même personne** :

Elles se sont douché**es**.
Le sujet *elles* et le pronom complément d'objet direct *se* renvoient à la même personne. Elles ont douché qui ? Elles-mêmes.

▶ Le participe passé **ne s'accorde pas** lorsque **le verbe est suivi d'un complément d'objet direct** :

Elle s'est séché *les cheveux*.
Le participe passé reste invariable car le verbe est suivi d'un COD, *les cheveux*. Elle a séché quoi ? Ses cheveux.

▶ **Attention** : Le participe passé **ne s'accorde jamais avec le complément d'objet indirect** :

Marie et Alain se sont téléphon**é**. (téléphoner *à qui ?*)
se = complément d'objet indirect

Les participes passés des verbes suivants ne s'accordent jamais : **se téléphoner, se parler, se mentir, se plaire (complaire/déplaire), se sourire, se rire, se nuire, se succéder, se suffire, se ressembler, s'en vouloir.**

Le participe passé employé avec l'auxiliaire avoir

Le participe passé employé avec l'auxiliaire avoir ne s'accorde pas avec le nom principal du groupe sujet mais il s'accorde en genre et en nombre avec le complément d'objet direct (COD) lorsque celui-ci est placé devant le verbe.

Trois cas sont possibles :

➢ le COD peut-être un pronom personnel *(me, te, le, la, nous, vous, les)* :

Sylvie a marqué un point. → Elle **l'**a marqu**é**.
Sylvie a marqué *quoi* ? un point est le COD. Elle a marqué *quoi* ? **l'**(le point) est *COD*. Il est placé devant *le verbe marquer*, alors le participe passé s'accorde : masculin singulier.

Sylvie a marqué deux points. → Elle **les** a marqu**és**.
Sylvie a marqué *quoi* ? deux points (COD). Elle a marqué *quoi* ? *les* (les deux points) est *COD*. Il est placé devant *le verbe marquer*, alors le participe passé s'accorde et tout comme points prend la marque masculin et pluriel.

➢ le COD peut-être le pronom relatif *que* :

La route que j'ai pris**e**.
La route : *COD*, placé *devant le verbe prendre*, accord du *participe passé* avec route, féminin singulier.

➢ le COD peut-être un nom placé devant le verbe (dans les interrogations et exclamations).

Quelles belles fleurs tu as apport**ées** !
belles fleurs : COD placé devant le verbe apporter, accord *du participe passé*, féminin pluriel

4) Les différents sujets du verbe

Le sujet du verbe est le plus souvent un nom, mais cela peut être aussi :

✓ Un pronom personnel

Ils quittent le restaurant.

✓ Un pronom démonstratif

Les personnes du premier rang quittent rapidement la salle ; celles du dernier rang **restent** en place.

Les personnes du premier rang quittent la salle ; cela **se passe** très calmement.

✓ Un pronom possessif

Nos voitures sont garées. La mienne **se trouve** au fond de l'allée.

✓ Un pronom indéfini

Les enfants sont contents. Tous **ont aperçu** l'étoile polaire.

✓ Un pronom interrogatif

Qui **a** parlé ?
Dans ce cas, le verbe est toujours à la 3ème personne du singulier

✓ Une proposition subordonnée

Que la maîtresse soit absente **réjouit** les élèves.
Dans ce cas, le verbe est toujours à la 3ème personne du singulier

✓ Un verbe à l'infinitif (verbe qui n'est pas conjugué)

Être le premier de la classe n'**est** pas facile.
Dans ce cas, le verbe est toujours à la 3ème personne du singulier

✓ Un pronom relatif

C'est le chat que nous **avons** soigné.

Lorsque le verbe a pour sujet le pronom relatif **qui**, le verbe s'accorde en genre et en nombre avec l'antécédent de **qui** :

C'est lui qui part**ira** en dernier.

Le garçon qui jou**e** dehors est mon ami.

⚠ Quand un verbe n'est pas conjugué, on dit qu'il est à l'infinitif : calmer, grandir, connaître, avoir, être, sortir, comprendre…

VII. Les prépositions

Une préposition est un mot invariable **qui se place devant un complément** qu'elle introduit. Elle sert à **lier ce complément** au mot qui le précède et **à en marquer le rapport** :

Je **vais** à l'école vers huit heures
La préposition à joint le nom école au verbe **aller** pour compléter le sens de ce verbe en exprimant un rapport de lieu.

Le livre de Paule **est** sur la table.
La préposition de joint le nom Paule au nom livre pour compléter le sens de livre en exprimant un rapport d'origine.

➢ Une préposition peut être constituée :

→ D'un mot (**à, de, en, par, pour, avec, parmi, sans, devant**...) :
→ De plusieurs mots appelés **locutions prépositives** (**à cause de, grâce à, loin de, au-dessus de**...) :

⚠ Lorsqu'elles sont placées devant **le** ou **les**, la préposition **à** devient **au**, **aux** et la préposition **de** devient **du**, **des** :
Je parle ~~à le~~ boucher et ~~à les~~ client → Je parle **au** boucher et **aux** clients

Les passagers se plaignent ~~de le~~ retard et ~~de les~~ dérangements. → Les passagers se plaignent **du** retard et **des** dérangements

Emploi de la préposition

La proposition est utilisée pour :

✓ Mettre en rapport un complément qu'elle introduit avec le mot qui précède :
Ce complément peut être :

→ Un nom, un pronom ou un groupe nominal :

Un moteur **à** essence.

Plusieurs **de** mes meilleurs amis ne sont pas venus.

→ Un adverbe :

Je vais le faire **dès** maintenant.

→ Un verbe (infinitif ou participe) :

Travailler **pour** vivre.

Chanter **en** travaillant.

Exemple de la fonction occupée par le complément :

Après [1] le repas, le fils **de** [2] Colette s'est caché **dans** [3] le grenier encombré **pour** [4] dormir tranquillement.
[1] après indique la relation de repas avec *le verbe* se cacher
[2] de indique la relation entre Colette et son fils : Colette est *complément du nom* fils
[3] dans indique la relation *complément circonstanciel de lieu* entre le grenier encombré et le verbe se cacher
[4] pour indique la relation *complément circonstanciel de but* entre dormir tranquillement et se cacher.

✓ Indiquer des rapports :

Les prépositions et les locutions prépositives apportent un sens supplémentaire au complément circonstanciel. Elles indiquent des rapports variés. Exemples de rapports les plus courants : •

→ Rapport de lieu : **à, à travers, au-delà de, au-dessous de, au-dessus de, chez, dans, de, derrière, devant, en, en face de, entre, jusqu'à, loin de, par-là, parmi, près de, sous, sur, vers**... :

J'irai **à** Paris.

Je suis **chez** ma grand-mère.

→ Rapport de durée, de temps : **à, avant, après, de, depuis, vers**...

Il viendra **vers** huit heures.

Il est malade **depuis** plusieurs années.

→ Rapport de manière : **avec, de, d', en, par, sans, selon**...

Elle argumente **sans** conviction.

Elle mange sa glace **avec** plaisir.

→ Rapport de but : **pour, afin de, en vue de**…

Il travaille **pour** payer ses études.

→ Rapport de moyen : **par, moyennant, grâce**…

Il a réussi **par** ses propres moyens.

→ Rapport de cause : **par, pour, à cause de, en raison de**…

Je suis venu **pour** te voir.

> ⚠ Une même préposition peut avoir plusieurs sens :
>
> Je vais **à** Paris.
> Dans cette phrase la préposition indique *le rapport de lieu.*
>
> J'ai rendez-vous **à** 10h00
> Dans cette phrase la préposition indique *le rapport de temps.*
>
> Ce livre appartient **à** Julie.
> Dans cette phrase la préposition indique *le rapport d'appartenance.*

Tableau récapitulatif des principales prépositions

RAPPORTS	PREPOSITIONS
DE LIEU/D'ESPACE	à, à travers, au-delà de, au-dessous de, au-dessus de, chez, dans, de, derrière, devant, en, en face de, entre, jusqu'à, loin de, par-là, parmi, près de, sous, sur, vers
DE TEMPS/DUREE	à, avant, après, de, depuis, vers
DE MANIERE	avec, de, d', en, par, sans, selon
DE BUT	pour, afin de, dans le but de, de manière à
DE CAUSE	par, pour, à cause de, en raison de
D'OPPOSITION	contre, malgré, sans, en dépit de, au lieu de
DE MOYEN	par, moyennant, grâce
DE MATIÈRE	en, à, de, avec

VIII. Les conjonctions

La conjonction est un **mot invariable** qui **sert à lier entre eux des mots ou des propositions** (voir p. 118) Elle se place entre les mots ou entre les propositions qu'elle unit.

Il faut distinguer les conjonctions de coordination et les conjonctions de subordination.

1) <u>Les conjonctions de coordination</u>

Les conjonctions de coordination relient deux mots ou deux groupes de mots de même classe grammaticale et de même fonction :

<u>Le lièvre</u> **et** <u>la tortue</u>.
Dans cet exemple, *la conjonction de coordination* **et** sert de lien entre deux *noms* : lièvre et tortue

Elles permettent aussi de **relier** deux phrases simples **de même nature** (indépendante, principale ou subordonnée). On obtient alors une phrase complexe avec deux propositions coordonnées

<u>Pierre regarde les chocolats avec envie</u> **mais** <u>n'ose pas en prendre</u>.
Dans cet exemple, la conjonction de coordination **mais** exprime l'opposition et sert de lien entre deux *propositions* qui restent indépendantes : <u>Pierre regarde les chocolats avec envie</u> et <u>n'ose pas en prendre</u>.

➢ Les principales conjonctions de coordination

Elles sont formées d'un mot (conjonction) ou de plusieurs mots (locution conjonctive). Les sept conjonctions de coordination de base sont : **mais, ou, et, donc, or, ni, car** auxquelles on peut ajouter : **tantôt, en effet, cependant, néanmoins, toutefois, d'ailleurs, ainsi, c'est-à-dire, du reste...**

➢ Le sens des conjonctions de coordination

Elles peuvent exprimer **la cause** (car, en effet), **la conséquence** (ainsi, donc, c'est pourquoi), **l'addition** (et, aussi, bien plus), **la négation** (ni), **l'opposition** (mais, pourtant, néanmoins, toutefois), **la transition** (du reste, or, d'ailleurs), etc.

<u>Paul a froid</u> **pourtant** <u>il ne se couvre pas</u>.
Dans cet exemple, *la conjonction de coordination* **pourtant**, introduit *l'opposition* et sert de lien entre deux *propositions* qui restent indépendantes : <u>Paul a froid</u> et <u>il ne se couvre pas</u>.

<u>Il apprend par cœur sa leçon</u> **ainsi** <u>il aura une bonne note</u>.
Dans cet exemple, *la conjonction de coordination* **ainsi**, introduit la conséquence et sert de lien entre deux propositions qui restent indépendants : <u>Il apprend par cœur sa leçon</u> et <u>il aura une bonne note</u>.

⚠ Une même conjonction de coordination peut avoir plusieurs sens :

Elle marche **et** elle parle.
Dans cette phrase la conjonction indique *l'addition*.

J'ai trop mangé de cerises **et** j'ai mal au ventre
Dans cette phrase la conjonction indique *la conséquence*.

Tableau récapitulatif des principales conjonctions de coordination

RAPPORTS	CONJONCTIONS DE COORDINATION
D'OPPOSITION	**mais**, pourtant, néanmoins, toutefois
D'ALTERNATIVE	**ou**
D'ADDITION	**et**, aussi, bien plus
DE CONSEQUENCE	**donc,** pour, afin de, ainsi, c'est pourquoi
DE TRANSITION	**or**, du reste, d'ailleurs
DE NEGATION	**ni**, ni…ni…
DE CAUSE	**car**, en effet

2) Les conjonctions de subordination

Les conjonctions de subordination relient une proposition principale à une proposition subordonnée, **l'une dépend de l'autre**.

Je sais **qu'**il est heureux maintenant.

✓ Les principales conjonctions de subordination :

Elles sont formées d'un mot (conjonction) ou de plusieurs mots (locutions conjonctives). On trouve :

➢ la conjonction de subordination « **que** » pour introduire la proposition subordonnée complétive
(Voir p. 119)

Il faut **que** tu manges.
Dans cette phrase la *proposition principale il faut* est reliée par la *conjonction de subordination* **que** à la *proposition subordonnée complétive* tu manges. On ne peut pas juste dire il faut ; la proposition n'a aucun sens sans la proposition subordonnée complétive.

Je crains **que** nous soyons en retard.

➢ **Les conjonctions de subordinations** introduisent **les propositions subordonnées circonstancielles** :

On distingue des conjonctions de subordination de :

temps (quand, lorsque), **cause** (parce que, puisque), **conséquence** (de sorte que), **but** (afin que, pour que), **comparaison** (comme, de même que, ainsi que, autant que), **concession** (quoique, même, bien que, même si), condition (pourvu que, si), etc.

Afin qu'il soit à l'aise je l'installerai près de moi.
afin que est *une conjonction de subordination indiquant le but.*

Il marche **comme** un vieil homme.
comme est *une conjonction de subordination de comparaison.*

⚠ Une même conjonction de subordination peut avoir plusieurs sens :

Comme tu n'étais pas là, je suis parti.
Dans cette phrase la conjonction indique *la cause*.

Fini ton assiette **comme** ton frère
Dans cette phrase la conjonction indique *la comparaison*

Tableau récapitulatif des principales conjonctions de subordination

INTRODUCTION DE LA PROPOSITION SUBORDONNEE CIRCONSTANCIELLE	CONJONCTIONS SIMPLES	LOCUTIONS CONJONCTIVES DE SUBORDINATION
DE BUT	pour	pour que, afin que, c'est pourquoi, de sorte que, de peur que
DE CAUSE	comme puisque	parce que, étant donné que, du fait que
DE CONCESSION/OPPOSITION	même si	alors que, bien que, quoique, encore que, qui que
DE TEMPS	quand lorsque comme	à mesure que, tandis que, avant que, aussitôt que
DE COMPARAISON	comme	de même que, plus que, moins que
DE CONDITION/HYPOTHESE	si	à supposer que, au cas où, à condition que, dans la mesure où
DE MANIERE	comme	ainsi que, sans que, selon que
DE CONSEQUENCE		au point que, tellement que, tant que
INTRODUCTION DE LA PROPOSITION SUBORDONNEE COMPLETIVE	que	à ce que de ce que

IX. Les interjections

Définition et emploi

L'interjection est un mot invariable qui exprime un sentiment vif, un cri, une exclamation. Elle est formée d'un mot (interjection) ou de plusieurs mots (locution interjective).

L'interjection sert à exprimer des sentiments variés comme l'étonnement, l'indignation, l'aversion ou le dégoût (Pouah ! Beurk !), l'encouragement ou l'exhortation (Allez ! Courage !), le soulagement (Ouf !)

Exemples d'interjections :

ah ! oh ! euh, eh ! bah ! hein ! chut ! aïe ! hélas ! hum ! ouais ! etc.

Les interjections sont parfois de simples onomatopées : **psst ! crac ! paf ! boom !**

On peut aussi employer comme interjection :

→ **Des verbes** : Tiens ! Suffit !

→ **Des noms** : Ciel ! Courage !

→ **Des adjectifs** : Bon !

→ **Des adverbes** : Assez ! Bien !

TROISIEME PARTIE
-La phrase et les propositions-

I. La phrase simple ou proposition indépendante

La phrase est constituée par un ensemble de mots groupés dans un certain ordre et qui expriment un sens. Une phrase commence toujours par une majuscule et se termine par un point (. ! ?)

À l'intérieur d'une phrase, le regroupement de mots dans un certain ordre qui permet de donner un sens à la phrase est appelé **une proposition**.

Une phrase simple contient un seul verbe conjugué. Elle est composée d'une seule proposition : c'est une **proposition indépendante**. Elle fonctionne de manière autonome.

La structure de la phrase affirmative simple est dans la plupart des cas la suivante :

$\boxed{\text{Sujet + verbe + complément}}$

Le sujet est toujours placé devant le verbe (dans la phrase affirmative).

Contrairement à d'autres langues, il n'est pas possible en français d'échanger la place du sujet et du complément (seule la place du mot et non le mot lui-même indique sa fonction) :

Marie [1] **mange** [2] une pomme [3]
(1) sujet (2) verbe (3) complément d'objet direct

Il n'est pas nécessaire d'avoir un complément pour que la phrase ait du sens :

$\boxed{\text{Sujet + verbe}}$

Marie **mange**.

Mais si j'inverse les mots la phrase n'a plus aucun sens :

~~Une pomme mange Marie.~~

Attention ! : Il existe des phrases sans verbe : Quelle belle vue !

Une phrase peut être déclarative, interrogative, exclamative ou impérative.

1) La phrase déclarative simple

La phrase déclarative peut être **affirmative ou négative**. Le verbe principal est à l'indicatif ou au conditionnel (Voir p.146 et 147) :

La phrase déclarative permet :

➢ de communiquer une information certaine ou incertaine :

Il est minuit.
On pourra peut-être repeindre notre chambre.

➢ de raconter un événement passé, présent ou futur :

Ils ne sont pas arrivés à l'heure.
Je suis heureux maintenant.
Vous irez le chercher à l'aéroport.

➢ d'exprimer une opinion :

Je doute de son talent de cuisinier.
Je ne trouve pas cela très bon.

➢ d'exprimer un souhait :

J'aimerais un peu de calme.

La négation : ne...pas

✓ La négation en français se compose de deux éléments, **ne** et **pas**, qui entourent le verbe conjugué. « **ne** » se place devant le verbe et « **pas** » se situe après le verbe :

Sujet + ne + verbe + pas

Je **ne** parle **pas** français.
Il **ne** veut **pas** écouter mon histoire.

Devant un verbe qui commence par une voyelle ou un « h », **ne** se transforme en **n'**

Je **n'**aime **pas** les épinards.
Il **n'**habite **pas** à Bruxelles.

La négation : ne...jamais ; ne...plus

On peut **substituer** « pas » **par un autre adverbe de négation** pour apporter une **nuance**. Comme ils expriment déjà l'idée de négation, on ne doit pas ajouter le « pas ».

> Pour décrire **l'absence d'une habitude**, on utilise « **ne… jamais** » :

Sujet + ne + verbe + jamais

Louis **ne** fait **jamais** de ski.

> Pour décrire un **changement par rapport à une situation antérieure** on utilise « **ne… plus** » :

Sujet + ne + verbe + plus

Je **ne** fume **plus** depuis dix ans.

<u>Attention</u> ! À l'oral, on **ne doit pas prononcer le « s » final** de « plus ». **Si vous le prononcez**, cela peut prêter à confusion car, dans ce cas-là, cela signifie « une **quantité supérieure** ».

La négation : ne...rien

« ne… rien » implique **l'absence de quelque chose**, le néant :

sujet + ne + verbe + rien

Je **ne** vois **rien** à un mètre.

« **Rien** » peut aussi être **placé au début d'une phrase**, (il est alors sujet) et il continue de remplacer « pas ».

Rien + ne + verbe

Rien ne va arriver.

La négation : ne...personne

Sujet + ne + verbe + personne

Il y a quelqu'un ? – Non, il **n'**y a **personne**.

Je **ne** vois **personne**.

Tout comme « rien », « **personne** » peut commencer une phrase :

Personne + ne + verbe

Personne n'écoute.

Personne ne parle.

La négation : ne...aucun

La négation « **ne… aucun** » sert à indiquer **l'absence totale d'un objet, d'une personne, d'un concept ou d'un sentiment**. À la différence de « rien » ou de « personne » qui **renvoient à quelque chose de général**, « **aucun** » **se réfère à l'élément qui le suit**. De plus, il **s'accorde au masculin ou au féminin** en fonction du nom.

Sujet + ne + verbe + aucun

Il **n**'y a **aucune** solution.

Je **ne** vois **aucun** problème.

Encore une fois, « **aucun** » peut se déplacer en **début de phrase** :

Aucun + ne + verbe

Aucun de mes amis **ne** boit.

Aucune de mes idées **n'**a convaincu ma femme.

Certaines formes négatives peuvent se cumuler entre elles pour apporter une nuance ou se renforcer :

Christelle **ne** fait **jamais rien**.

Il **n'**y a **plus personne** dans le restaurant.

Cas particulier

En fonction du temps auquel le verbe est conjugué (ou est à l'infinitif), la place de « **pas** » peut varier :

▶ **Au passé composé :**
Au passé composé, « **ne** » et « **pas, plus, jamais** » n'entourent pas le participe passé du verbe mais ils sont autour de l'auxiliaire :

Je **n'**ai **pas** mangé de moules-frites à Bruxelles.

Sandrine **n'**est **jamais** allée à Paris.

Elle **n'**est **plus** venue nous voir.

Attention ! : « **ne...personne** » et « **ne...aucun** » se trouvent **après le verbe** :

Je **n'**ai vu **personne** sortir de cette pièce.

Elle **n'**a vu **aucun** chat dans la rue.

▶ **Devant un verbe à l'infinitif :**
Avec un verbe à l'infinitif, les mots de la négation (**ne ...pas, ne...plus, ne...jamais,** etc.) forment un seul bloc et se placent devant le verbe à l'infinitif.

Ne pas fumer dans l'aéroport.

Ne jamais parler aux inconnus.

Ne plus oublier mes clés.

Ne rien jeter par terre.

Mais : On ne peut pas utiliser cette formulation avec « **ne...personne** » et « **ne...aucun** ».

▶ **Au futur proche :**
Au futur proche, « **ne** » et « **pas, plus, jamais** » sont placés autour de « **aller** » et non devant le verbe à l'infinitif :

Elle **ne** va **pas** abandonner son rêve.

Vous **n'**allez **plus** sortir tard du travail.

Vous **n'**allez **jamais** me croire !

▶ **Encore une fois, « ne...personne » et « ne...aucun » sont différents car ils suivent le verbe à l'infinitif :**

Marie **ne** va voir **personne** pendant une semaine.

2) La phrase interrogative

✓ **La phrase interrogative a essentiellement pour but de poser une question, de demander une information.**

On distingue l'interrogation totale et l'interrogation partielle, d'après la portée de l'interrogation. dans l'énoncé. On distingue à un autre niveau l'interrogation directe et l'interrogation indirecte, selon la place de l'interrogation dans le discours.

➤ L'interrogation totale (ou interrogation globale) porte sur l'ensemble de l'énoncé. La réponse attendue, fermée, est soit affirmative soit négative soit dubitative (oui, non, peut-être) :

Viendra-t-elle ?	- oui, assurément, etc. (affirmative)
Est-ce qu'elle va démissionner ?	- non, certainement pas (négative)
Vous ne m'entendez pas bien ?	- peut-être, j'en doute, etc. (dubitative)

➤ L'interrogation partielle porte sur une partie, un élément ou une circonstance de l'énoncé visés par un mot interrogatif (adjectif, pronom ou adverbe interrogatif). On ne peut pas y répondre par oui ou par non. La réponse est totalement ouverte :

Qui est là ?
Tu manges quoi ?
Où allez-vous ?

L'interrogation directe

✓ L'interrogation directe se fait dans une proposition indépendante et se termine obligatoirement par un point d'interrogation. Elle peut être marquée par l'intonation ascendante, montante à l'oral, l'ordre des mots ou par un mot interrogatif :

Tu es prêt à partir **?**
Les baleines **sont-elles** des mammifères ?
Est-ce que vous savez nager ?

✓ **Phrase interrogative directe : inversion sujet-verbe**

Dans l'inversion simple, **le sujet est un pronom personnel** (je, tu, il, elle, on, nous, vous, ils, elles) qui se place **après le verbe aux temps simples** ou **entre l'auxiliaire et le participe passé aux temps composés** :

Comprenez-vous ?

Dans l'inversion complexe, **le sujet est un nom ou un pronom non personnel** (pronom démonstratif, pronom possessif, etc.) placé devant le verbe, **qui est repris par un pronom personnel** (il, elle, ils, elles). Ce pronom se place derrière le verbe aux temps simples et entre l'auxiliaire et le participe passé aux temps composés :

Emma **voyagerait-elle** avec toi ?
Le facteur **n'est-il** pas passé ?
Les vôtres le **sont-ils** aussi ?

> À la 3ᵉ personne du singulier, la consonne normalement muette se prononce [t] lorsque le pronom commence par une voyelle :

Connaissai**t-e**lle la date ?
L'appareil ren**d-i**l la monnaie ?

⚠️ **À la 3ᵉ personne du singulier, lorsque le verbe se finit par une voyelle et que le pronom commence aussi par une voyelle**, l'inversion entraîne l'**ajout d'un t** dit euphonique (pour l'harmonie des sons) pour éviter les hiatus, c'est-à-dire la succession de deux voyelles appartenant à des syllabes différentes :

Prendra-**t**-il le train ?
Où ce chemin mène-**t**-il ?

✓ Phrase interrogative directe : intonation

En français familier, un ton montant en fin de phrase suffit à transformer une phrase déclarative (affirmative ou négative) en phrase interrogative directe. C'est la façon la plus simple de poser une question, très courante à l'oral. L'ordre des mots est le même que dans une phrase déclarative et, à l'écrit, le point d'interrogation est la trace de l'intonation :

Vous me rappellerez ?
Le courrier n'est pas arrivé ?

Dans le cas d'une interrogation partielle (on ne peut pas y répondre par oui ou par non), le mot interrogatif se trouve généralement à la place qu'aurait la réponse dans la phrase affirmative :

Ton avion décolle **à quelle heure** ?
Le médecin t'a dit **quoi** ?

✓ Emploi de est-ce que ?

La formule **est-ce que** est souvent employée à l'oral. On l'utilise seule dans les interrogations totales :

Est-ce que tu te sens bien ?
Est-ce que les fraises sont bonnes ?

Elle est parfois associée à un mot interrogatif (combien, où, pourquoi, comment, etc.) dans les interrogations partielles :

Qui est-ce qui vous l'a dit ?
Où est-ce que tu es garé ?
Pourquoi est-ce qu'il aurait fait ça ?

L'interrogation indirecte

L'interrogation indirecte est une interrogation qui n'est pas construite sous forme de question, d'interrogation directe, et qui en particulier n'est pas marquée par l'emploi du point d'interrogation. Elle prend en effet la forme d'une proposition subordonnée complétive. Cela signifie que l'interrogation est formulée sous la forme d'un complément de verbe :

Je me demande si elle est heureuse d'avoir remporté cette compétition.
Dans cet exemple, *la proposition interrogative indirecte* si elle est heureuse d'avoir remporté cette compétition joue le rôle de *COD du verbe* **se demander**.

Les propositions interrogatives indirectes sont en général **introduites par un verbe** qui autorise un sens interrogatif : **ignorer, chercher, se demander, examiner, apprendre, découvrir, oublier, dire, confirmer**, etc. Mais elles peuvent aussi apparaître dans des contextes où l'information est mise en suspens ou mise en doute, dans des phrases de forme négative ou exprimant un souhait par exemple :

Je **ne sais pas s'**ils sont prêts pour cette épreuve du baccalauréat.
Dans cette phrase, la forme négative permet de repérer l'interrogation indirecte : on pourrait ajouter *ou non* à la fin de la phrase.

✓ Lorsque l'interrogation indirecte est totale, le mot subordonnant est la conjonction si :

Dis-moi **si** tu as les moyens de payer cette facture.

Elle ignore **s'**il a transmis le message.

✓ Lorsque l'interrogation indirecte est partielle (on ne peut y répondre par oui ni par non), le mot subordonnant est un mot interrogatif (comment, pourquoi, quand, où, etc.) :

J'ignore **comment** il va présenter les choses à la réunion.

Nous ne nous expliquons pas **pourquoi** vous êtes si hostiles à cette réforme.

Il m'a demandé **quand** je reviendrais.

3) La phrase exclamative

✓ La forme exclamative **permet d'indiquer un sentiment ou une émotion** : admiration, déception, joie, colère, douleur …

À l'oral, l'intonation est forte, la voix descend en fin de phrase. À l'écrit, **la forme exclamative se termine toujours par un point d'exclamation** :

Incroyable !
Ils ont perdu !
C'est impossible !

➢ **La forme exclamative entraîne souvent l'emploi de certains mots, par exemple :**

→ Des adverbes **comme** et **que** :

Comme elle skie bien !
Qu'il est intelligent !

→ Des interjections :

Aïe, tu m'as fait mal !
Hé ! vous, là-bas !

→ Des adjectifs :

Quel dommage !
Il a un tel aplomb !

➢ **La forme exclamative peut se combiner à une phrase incomplète ou sans verbe :**

Crac !
Quel spectacle !

➢ **La forme exclamative peut affecter une phrase interrogative, avec inversion du sujet et du verbe :**

Es-tu drôle !
Sont-ils mignons !

➢ **La forme exclamative peut aussi se combiner avec la phrase impérative (ou injonctive) :**

Qu'il le dise, alors !

➢ **Les formules de salutation sont exclamatives sans valeur émotive ; ce sont de simples apostrophes :**

Bonsoir !
Salut !

4) La phrase impérative

La **phrase impérative** (ou injonctive) permet de donner un **ordre**, un **souhait** ou un **conseil**. Elle se termine par un **point (.)** ou par un **point d'exclamation (!)**.

→ **Un ordre** :
Regardez des deux côtés avant de traverser !
→ **Un souhait** :
Amusez-vous bien.
→ **Un conseil** :
Mange moins vite.

✓ **La phrase impérative peut être une phrase nominale ou une phrase verbale. Quand c'est une phrase verbale, le verbe de la phrase impérative est à l'impératif et son sujet n'est pas exprimé :**

→ **Phrase nominale** :
Stationnement interdit !
→ **Phrase verbale** :
Maintenant, **partons** !

✓ **Le verbe dans la phrase impérative peut être à l'infinitif :**

Ne pas **marcher** sur la pelouse.

✓ **La phrase impérative peut être une phrase affirmative ou une phrase négative :**

→ **Phrase affirmative** :
Eteignez les ordinateurs !
→ **Phrase négative** :
N'éteignez pas les ordinateurs !
Ne vous retournez pas !

✓ **Les personnes du verbe conjugué**

Le **verbe conjugué** dans une phrase impérative **ne comprend pas de sujet.** Le sujet du verbe de la phrase impérative n'apparaît pas mais il est sous-entendu par sa conjugaison.
Il peut être conjugué à 3 personnes : 2e personne du singulier, 1re et 2e personnes du pluriel.

→ **2e personne du singulier** (= tu) :

Chante plus fort !
L'ordre s'adresse à une seule personne.

→ **1re personne du pluriel** (= nous) :

Chantons plus fort !
L'ordre est donné par une personne au groupe dont elle fait partie.

→ **2e personne du pluriel** (= vous) :

Chantez plus fort !
L'ordre est donné par une personne : soit à un groupe dont elle ne fait pas partie, soit à une personne qu'elle vouvoie.

Remarque :

Chaque type de phrase (déclarative, interrogative, impérative ou exclamative) peut s'écrire à la forme affirmative ou négative.

Phrase déclarative :

Il mange → Il **ne** mange **pas**.

Phrase interrogative :

Mange-t-il ? → **Ne** mange-t-il **pas** ?

Phrase impérative :

Mange ! → **Ne** mange **pas** !

Phrase exclamative :

Comme tu es gentil ! → Comme tu **n'**es **pas** gentil !

II. La phrase complexe

Une phrase peut être composée d'une ou plusieurs propositions. Chaque proposition est elle-même composée de plusieurs éléments.

Une phrase complexe contient autant de propositions que de verbes conjugués. Quand une phrase a deux verbes, elle a deux propositions, quand une phrase a trois verbes, elle a trois propositions, etc.

La phrase complexe est constituée de plusieurs propositions qui peuvent se combiner de différentes façons : par coordination, par juxtaposition, par subordination.

1) Les propositions coordonnées et juxtaposées

La proposition coordonnée

Lorsque les propositions d'une phrase complexe sont reliées par une conjonction de coordination (**mais, ou, et, donc, or, ni, car**), ce sont des propositions coordonnées.

Nous sommes allés chez Paul **et** nous avons mangé des crêpes.
2 propositions : 1ère proposition : nous sommes allés chez Paul ; 2ème proposition : nous avons mangé des crêpes
Ces deux propositions sont liées par la conjonction de coordination **et**, elles sont coordonnées

Mon chien est agité **mais** il est affectueux.
1ère proposition : Mon chien est agité ; 2ème proposition : il est affectueux
Ces deux propositions sont liées par la conjonction de coordination **mais**, elles sont coordonnées

La proposition juxtaposée

Lorsque les propositions d'une phrase complexe sont séparées par une virgule, un point-virgule ou deux points, ce sont des propositions juxtaposées :

Le chat dort, les souris dansent.

Les phrases juxtaposées demeurent indépendantes l'une par rapport à l'autre : chacune peut constituer une phrase simple à elle seule.

2) Les propositions subordonnées

La subordination est une construction de phrase qui établit un rapport de dépendance entre deux propositions : une première proposition qui est la proposition principale qui commande une deuxième proposition qui la complète : la proposition subordonnée.
La subordonnée est liée à la principale au moyen d'**une conjonction de subordination** ou **d'un pronom relatif**.
Sans la principale, la proposition subordonnée n'a pas de sens.

Il existe plusieurs types de propositions subordonnées.

La proposition subordonnée relative

La proposition subordonnée relative complète le nom placé avant elle. On appelle ce nom l'antécédent. Elle est introduite par un pronom relatif **(qui, que, dont, lequel, laquelle, …)** qui remplace l'antécédent :

J'ai acheté les **pâtisseries** [1] **que** tu aimes [2]
Je connais un **Espagnol** [1] **qui** habite à Madrid [2].
Le cordonnier répare les **chaussures** [1] **que** j'ai usées [2].

(1) antécédent ; (2) proposition relative introduite par le pronom relatif qui ou que

Les propositions subordonnées complétives

Les propositions subordonnées complétives ne se rapportent pas à un nom mais à un verbe. Elles complètent la proposition principale dont le noyau est le verbe. Il y a trois types de propositions complétives : la proposition subordonnée conjonctive, la proposition infinitive et la proposition interrogative indirecte.

1) La proposition subordonnée conjonctive

La proposition subordonnée conjonctive **peut être complément d'objet direct** (COD) du verbe de la proposition principale. Elle est **introduite par** la conjonction de subordination « **que** » :

Je sais **que tu as raison**.
Je sais (proposition principale) ; Je sais quoi ? que tu as raison (proposition subordonnée complétive) ; **que** : *conjonction de subordination*

> ⚠ Après un verbe, **que** n'est pas un pronom relatif, il ne remplace rien ni personne, mais **une conjonction de subordination**.
> J'espère *que* tu viendras bientôt me voir. (que : conjonction de subordination après le verbe espérer)
> Le dessert *que* Fabienne a préparé est très bon. (que : pronom relatif, remplace le nom dessert)

2) la proposition subordonnée infinitive

La proposition subordonnée infinitive **possède un verbe à l'infinitif présent relié à un sujet placé avant ou après ce verbe**. On emploie la proposition infinitive après les verbes suivants :
→ Les verbes de perception (entendre, écouter...)
→ Les verbes *laisser*, *faire*, *envoyer* et *emmener*
La proposition principale et la proposition infinitive n'ont pas le même sujet.

J'entends chanter les oiseaux de ma fenêtre.
j'entends (proposition principale) ; chanter les oiseaux de ma fenêtre (proposition subordonnée infinitive) ; les oiseaux (sujet du verbe chanter)

3) la proposition subordonnée interrogative indirecte

La proposition subordonnée interrogative est reliée à la proposition principale par un pronom, un adjectif ou un adverbe interrogatif :

Je voudrais savoir **quelle** heure il est.
quelle : adjectif interrogatif

Je me demande **qui** se cache derrière toi.
qui : pronom interrogatif

Je ne vois pas **comment** résoudre ce problème.
comment : adverbe interrogatif

La proposition circonstancielle

La proposition subordonnée peut être aussi complément circonstanciel du verbe de la proposition principale. on dit que c'est **une subordonnée conjonctive circonstancielle**.

Il existe sept catégories de propositions suivant qu'elles expriment le temps, la cause, la conséquence, la comparaison, la condition, la concession, le but.

La proposition circonstancielle est introduite par les conjonctions de subordination : **quand**, **comme**, **lorsque**, **parce que**... :

Nous sortirons **quand** la pluie s'arrêtera.
Nous sortirons *(proposition principale)* ; quand la pluie s'arrêtera *(proposition subordonnée circonstancielle)* introduite par *la conjonction de subordination* **quand** qui introduit la circonstance temps.

J'ai fermé la fenêtre **pour qu'**il ne fasse pas trop froid dans la maison.
J'ai fermé la fenêtre ; pour qu'il ne fasse pas trop froid dans la maison (proposition subordonnée circonstancielle) introduite par la locution conjonctive **pour qu'** qui introduit la subordonnée circonstancielle de but.

Tableau des propositions subordonnées circonstancielles conjonctives

PROPOSITION SUBORDONNEE	MOTS SUBORDONNANTS	EXEMPLES
...DE TEMPS	quand, lorsque, comme, pendant que, depuis que, avant que, après que, sitôt que, en attendant que...	Je suis rentré chez moi **avant que** ma mère m'appelle.
...DE CAUSE	parce que, comme, sous prétexte que, vu que...	**Comme** elle travaille beaucoup, elle ne va plus au cinéma.
...DE CONSEQUENCE	si bien que, de sorte que, au point que, si/tellement/tant/assez...que	Elle a fait un régime **si bien qu'**elle a perdu vingt kilos.
...DE COMPARAISON	comme, ainsi que, de même que, de la même façon que... aussi/autant/plus/moins...que	Tu cours **aussi** vite **que** moi à ton âge.
...DE CONDITION	si, au cas où, à condition que, pourvu que, à moins que...	**A condition de** partir maintenant, je serais à l'heure pour mon rendez-vous
...DE CONCESSION OU D'OPPOSITION	tandis que, alors que, bien que, quoique, encore que...	**Tandis que** mes amis s'amusent, je dois apprendre ma leçon.
...DE BUT	pour que, afin que, de peur que, dans l'espoir que, de crainte que...	Je fais du sport **dans l'espoir que** mes kilos en trop disparaissent.

La proposition subordonnée participe

La proposition participiale est une proposition subordonnée dont le verbe est au participe présent, au participe passé ou au participe composé. Le participe a son sujet propre. La proposition participiale est autonome par rapport à sa principale, ce qui explique son détachement par une virgule :

Lui arrivé, j'interrompis ma lecture.

L'oisillon **étant tombé** de l'arbre, je le ramassais pour le soigner.

-Les fonctions grammaticales-

Donner la fonction grammaticale d'un mot ou d'un groupe de mots consiste à identifier le rôle qu'il joue dans une phrase soit par rapport aux autres mots ou aux autres groupes de la phrase, soit au sein d'un groupe.

On y trouve par exemple :

Le sujet + le verbe :
Pierre **chante**.

Le sujet + le verbe + le complément d'objet direct (COD) :
Lili **mange** une pomme.

le sujet + le verbe + le complément d'objet direct + complément circonstanciel (CC)
Les commerçants **organisent** une braderie tous les mois.

On distingue les fonctions qui dépendent du verbe de celles qui ne dépendent pas du verbe.

I. Les fonctions grammaticales par rapport au verbe

- Le sujet
- Le complément d'objet (direct, indirect ou second)
- Le complément essentiel à valeur circonstancielle
- Le complément d'agent
- L'attribut du sujet
- L'attribut du COD

Le complément d'objet (direct ou indirect), le complément essentiel (de temps, de lieu, de mesure), le complément d'agent, l'attribut du sujet et l'attribut du COD, **sont des compléments essentiels au verbe.**

1) Le sujet

Dans une phrase, le **sujet** indique de qui ou de quoi on parle. Il répond à La question « **Qui est-ce qui ?** » ou « **Qu'est-ce qui ?** »
Pour repérer le sujet, on l'encadre par « **c'est ... qui** » ou « **ce sont ... qui** » :

Le chien **est** devant sa niche.
Qui est-ce qui est devant sa niche ? **C'est** le chien **qui** est devant sa niche

✓ **Dans une phrase à la forme affirmative, le sujet est te plus souvent placé avant le verbe :**

Paul **travaille**.

Mais parfois le sujet est placé après le verbe dans une phrase affirmative :

Au loin, **surgit** un cavalier.
Qui est-ce qui surgit ? **C'est** un cavalier **qui** surgit.

✓ **Dans une phrase à La forme interrogative, le sujet se trouve souvent après te verbe :**

Où vas-<u>tu</u> ?

✓ **Le sujet du verbe peut être de différentes natures :**

→ **Un nom propre :**

<u>François</u> rit.

→ **Un groupe nominal :**

<u>La petite fille</u> sourit.

<u>La fatigue et le froid</u> le faisaient trembler.
Dans cette phrase il y a deux sujets dans le groupe nominal : <u>fatigue</u> et <u>froid</u>

→ **Un pronom :**

<u>Il</u> chante.

→ **Un verbe à l'infinitif :**

<u>Chanter</u> lui plaît beaucoup.

→ **Un adjectif :**

<u>Le pire</u> est à venir.

→ **Une proposition :**

<u>Qu'il pleuve</u> me semble improbable.
Qu'est-ce qui me semble improbable ? **c'est** <u>qu'il pleuve</u>

2) Le complément d'objet

Le complément d'objet direct

Le complément d'objet direct (COD) complète un verbe auquel il est rattaché directement. Il répond à La question « **qui ?** » ou « **quoi ?** » posée juste après le verbe. Avec la plupart des verbes, c'est un complément essentiel car on ne peut pas le supprimer sans rendre la phrase incompréhensible ou en changer le sens.

Mon voisin **gagne** <u>sa vie en vendant des chaussures.</u>
Mon voisin gagne **quoi** ? <u>sa vie en vendant des chaussures</u>

✓ **Un complément d'objet direct peut être de différentes natures :**

→ **Un nom propre :**

J'ai croisé **Jules**.

→ **Un groupe nominal :**

Mon amie Manon collectionne **les vieux journaux**.

Certains groupes nominaux COD sont introduits par un **déterminant partitif** qui indique une quantité, comme **du, de la** ou **des** :

Tu as mangé <u>**de la** confiture</u>.

→ **Une proposition :**

Je pense **que tu les retrouveras**.
Je pense **quoi** ? que tu les retrouveras

→ **Un verbe :**

Nous aimons **lire**

→ **Un pronom** (me, te, le, la, l', les, nous, vous, leur, en, celui-ci...) ; dans le cas d'un pronom personnel, il est alors placé avant le verbe :

Marie, vous l'**avez** déjà vue.
Vous avez vu **qui** ? l'(Marie)

▶ **Mais** avec certains verbes le COD peut être supprimé, la phrase gardant quand même un sens :

Tu manges des chocolats.
Tu manges.

Le complément d'objet indirect

Le complément d'objet indirect (COI) complète le verbe auquel il est rattaché à l'aide d'une préposition, comme **à** ou **de**. On ne peut pas le supprimer. Il répond à la question **à qui ? à quoi ? de qui ? de quoi ?**

J'ai **écrit** à ma tante.
J'ai écrit à qui ? à ma tante.

Ariane **se moque** de son frère.
Ariane se moque de qui ? de son frère

✓ Un COI peut être de différentes natures :

→ **Un nom propre :**

Elle a rêvé de **Nicolas**.

→ **Un groupe nominal :**

Mon cousin parle de **mon frère**.

→ **Un pronom personnel :**

Emma **lui** a donné l'heure.

→ **Un infinitif :**

J'ai envie de **boire**.

→ **Une proposition :**

Je réfléchis à **ce qu'il m'a dit**.

Cas particulier

Lorsque le COI est un pronom personnel, il se place avant le verbe et la préposition disparaît.
Il est différent selon qu'il concerne :

→ Une personne (**lui, leur**) :

J'ai parlé *à Julia*.
Je **lui** ai parlé.

→ Un animal, un objet, une idée... (**en, y**) :

Il s'occupe *des chiens*.
Il **s'en** occupe.

Jean pense *à nourrir les poules*.
Jean **y** pense.

Le complément d'objet second

On appelle complément d'objet second (COS) un complément d'objet indirect qui complète un verbe qui a déjà un complément d'objet direct (COD) ou un complément d'objet indirect (COI).

Le complément d'objet second (COS), est introduit par une préposition.
Le COS se trouve principalement après des verbes signifiant **donner, retirer** ou **dire** :

Louis donne un conseil **à son ami**.
Louis donne quoi ? un conseil (COD). Louis donne un conseil à qui ? à son ami (COS)

✓ **Les principales formes du complément d'objet second.**

→ **Préposition + groupe nominal :**

Je parle souvent de toi **à ma mère**.
Je parle souvent de toi à qui ? à ma mère (COS) ; Je parle de qui ? de toi (COI) → 1

→ **Pronom personnel complément :**

Pierre **lui** a prêté son cheval.
Pierre a prêté *quoi* ? son cheval (COD), *à qui* ? lui (COS)

→ **Préposition + pronom :**

Il ne prête son cheval qu'**à moi**.

✓ **La place du complément d'objet second.**

➢ Le COS est généralement placé après le premier COD :

Il a prêté son cheval à **Tom**.

➢ Mais le COS peut aussi être placé en premier :

Il a prêté à **Tom** son meilleur cheval.

➢ Quand le COS est un pronom, il se place avant le verbe et il se construit sans préposition :

Je **lui** ai emprunté son vélo.
Je lui ai emprunté *quoi* ? son vélo (COD) ; j'ai emprunté son vélo *à qui* ? lui (COS)

3) Le complément essentiel à valeur circonstancielle

Un complément essentiel, c'est un complément circonstanciel que l'on ne peut ni déplacer ni supprimer. Ces compléments essentiels sont nécessaires au sens du verbe (contrairement aux compléments circonstanciels). Ils ne peuvent pas être placés en tête de phrase ; ils appartiennent au groupe verbal. On trouve le complément essentiel de temps, de mesure, de lieu.

➢ **Le complément essentiel de temps se trouve après les verbes durer, dater.**

Le film dure **trois heures**.
Cet évènement date **de 2002**.

➢ **Le complément essentiel de mesure (de poids, de longueur, de prix, de durée).**
On le trouve après les verbes écouter, peser, mesurer, parcourir :

Le géant mesure **trois mètres**.
Il pèse **cent kilos**.
Le billet d'entrée coûte **huit euros**.

➢ **Le complément essentiel de lieu se trouve après :**

→ Les verbes **vivre, habiter, être, trouver** (dans le sens de se trouver), etc. :

Elle habite **près de Paris**.

→ Les verbes de mouvement : **aller**, se **rendre à**, **se diriger vers**, etc.

Je vais **en ville**.

→ Les tournures passives : **être situé**, être **placé**, etc.

Je suis placée **au dernier rang**.

4) L'attribut du sujet

On appelle attribut le mot ou l'expression indiquant la qualité attribuée à une personne, un animal ou une chose sujet du verbe, qu'il précise et complète :

Nos places sont **occupées**.
Dans cette phrase, le mot **sont** est un *verbe attributif* ; le mot places est *sujet* ; le mot **occupées** est *attribut du sujet*.

Cette femme est **jolie**.
jolie est *attribut du sujet* femme.

➢ L'attribut est en général **relié au sujet** par le verbe **être** mais il existe d'autres verbes qui possèdent en partie le sens du verbe être : **sembler, paraître, devenir, rester, demeurer, etc.** On les appelle des verbes attributifs ou verbes d'état (leçon p. 89)

➢ L'attribut du sujet ne peut pas être supprimé ni déplacé :

Ce magasin semble **fermé**.

L'attribut du sujet peut être de différentes natures :

→ **Un adjectif qualificatif** :

Ce collier est **superbe**.
Sa voiture paraît **neuve**.

→ **Un nom propre** :

Ma camarade se nomme **Annie**.

→ **Un groupe nominal** :

La directrice semble **une personne sympathique**.

→ **Un verbe à L'infinitif** :

Mon rêve est **de réussir**.

→ **Un pronom** :

Il était déjà champion du monde et il **le** reste.

L'attribut du sujet s'accorde en genre et en nombre avec son sujet :

Les lumières de la classe seront **éteintes** après le dernier cours.

⚠ **Il ne faut pas confondre l'attribut du sujet avec le COD**, qui répondent tous les deux à la question qui ? ou quoi ?

L'attribut du sujet représente une seule personne, ou une seule chose et est relié au sujet par un verbe d'état :

Cette femme est ma tante.
femme et *tante* sont une seule et même personne

Ce qui n'est pas le cas du COD. :

Paul a rencontré sa tante.
Paul et *tante* sont deux personnes distinctes.

5) L'attribut du complément d'objet direct

C'est un complément essentiel au verbe. Il donne une caractéristique du COD. Le signe = peut être mis entre le COD et son attribut.

J'ai vu ma mère **fière** de ma réussite.
Ma mère (COD) = fière de ma réussite (attribut du COD)

✓ Les attributs du COD sont introduits par des verbes attributifs spécifiques :

- Par des verbes marquant l'idée de jugement : juger, croire, estimer, trouver, penser, considérer comme, prendre pour, etc. :

Nous estimons cet homme **indigne de notre confiance**.

Nous le jugeons **coupable**.

Tout le monde estimait cette histoire **réglée**.

- Par des verbes marquant l'idée de transformation : rendre, transformer

Les beaux objets rendent les gens **heureux**.

- Par des verbes marquant l'idée de choix ou de nomination : élire, choisir, nommer, proclamer, appeler…

Ils ont élu Anne **déléguée de classe**.

Ils ont appelé leur fils **Cyril**.

✓ L'attribut du COD est généralement placé juste après le COD lorsque celui-ci n'est pas un pronom.
Il est parfois introduit par : de, pour ou comme

Elle considère Michel **comme son frère**.

- Lorsque le COD est un pronom personnel, il est séparé de son attribut par le verbe :

Je l'ai vu **heureuse de ma réussite**.

- Quand il s'agit d'un adjectif, d'un nom commun ou d'un GN, l'attribut du COD s'accorde en genre et en nombre avec le COD :

Marina trouve ces jeux **stupides**.

6) Le complément d'agent

Le complément d'agent est le complément d'un verbe à la voix passive : celle-ci est employée lorsque le sujet subit l'action indiquée par le verbe.

✓ **Il est introduit le plus souvent par la préposition « par », ou plus rarement par la préposition « de ». Le complément d'agent est ce par qui, par quoi ou par quel moyen une action est accomplie.**

→ **Par qui :**

Elle a été invitée **par ses grands-parents**.
J'ai été piqué **par une abeille**.

→ **Par quoi :**

Il a été renversé **par une voiture**.

→ **Par quel moyen :**

Elle a été blessée **par un coup de poignard**.

✓ **Le complément d'agent peut être de différentes formes :**

→ **un nom ou un groupe nominal :**

J'ai été formé **par Eric**.

Le jardin est envahi **de mauvaises herbes**.

→ **Un pronom :**

Cette collègue est estimée **de tous**.

→ **Une proposition subordonnée :**

Je suis étonné **par ce que je viens d'apprendre**.

⚠ Il ne faut pas confondre **le complément d'agent** avec **le complément circonstanciel** introduit par la préposition **par** :

Magali a été contactée **par son patron** (complément d'agent)
Magali a été contactée **par hasard** (complément circonstanciel de cause)

II. Les fonctions grammaticales par rapport au nom

Les expansions du nom sont des mots, groupes de mots ou propositions qui précisent le nom et apportent des informations supplémentaires.
• Elles ne sont pas obligatoires.
• Les expansions du nom regroupent : l'apposition, l'épithète et le complément du nom.

1) L'apposition

La fonction apposition a pour but d'apporter des informations complémentaires sur le nom à côté duquel elle est placée et peut être supprimée (expansion du nom)

✓ **L'apposition représente le même être ou la même chose que le nom (ou le pronom) qu'il complète est le plus souvent séparée du nom par une virgule ou par deux points.**

Mon cousin, **Gérard**, n'a jamais eu d'enfant.
Mon cousin et Gérard représente la même personne

> **Cette fonction peut être occupée par :**

→ **Un nom ou un pronom :**

Le chef étoilé, **Eric**, a réalisé des recettes succulentes.
La maîtresse, **elle-même**, doit nettoyer sa classe.

→ **Un groupe nominal :**

Son médecin, **chirurgien de renom**, la rassura sur la santé de sa fille.

→ **Un verbe à l'infinitif :**

Mon rêve, **danser**, venait de s'écrouler.

→ **Un adjectif :**

L'esclave, **découragé**, arrêta de se battre.

→ **Une proposition complétive. :**

Les joueurs de Marseille, **qui sont très entraînés**, ont gagné le match.

2) L'épithète

Le terme « épithète » désigne une fonction de **l'adjectif qualificatif** qui dans un groupe nominal **est placé à côté du nom, sans l'intermédiaire d'un verbe. mais il peut être supprimé.**

✓ **Il s'accorde en genre et en nombre avec le nom qu'il accompagne :**

Une **jolie** fille.
Des chaussures **affreuses**.
Un homme **content**.

✓ **Un même nom peut avoir plusieurs adjectifs épithètes :**

Un **beau** paysage **écossais**.

3) Le complément du nom

Le complément du nom (CDN) fait partie du Groupe Nominal (GN).

Le complément du nom est introduit par une préposition : à, de, d', pour, sans, par, en, sur, ...

✓ **La fonction de complément du nom (CDN) peut-être occupée par :**

→ Un autre nom :

Ce livre **pour enfants**.

→ Un verbe à l'infinitif :

La machine **à écrire**.

→ Un adverbe :

Les voitures **d'autrefois**.

→ Un groupe nominal (GN) :

Les jours **de grande chaleur**.

→ Une proposition subordonnée relative :

Le café **où il avait l'habitude de se rendre** était fermé.

Rappel :

$\boxed{\text{à + le = au}}$

Un cake à le citron → Un cake **au** citron.

$\boxed{\text{à + les = aux}}$

Des cakes à les pommes → Des cakes **aux** pommes.

$\boxed{\text{de + le = du}}$

La fille de le boucher → La fille **du** boucher.

$\boxed{\text{de + les = des}}$

Les enfants de les écoles voisines → Les enfants **des** écoles voisines.

⚠️ **Attention aux confusions** :

L'**apposition** servant à définir ou qualifier un mot ou une expression peut prêter à confusion avec d'autres fonctions comme : **complément du nom, épithète ou attribut.**

▶ Il ne faut pas confondre **adjectif apposition** et **adjectif épithète** : c'est un problème de virgules !

L'adjectif **en apposition** est **séparé** par des *virgules* → L'abeille, **travailleuse**, butinait de fleur en fleur ; et
L'Adjectif **épithète** est *sans virgules* → L'abeille **travailleuse** butinait de fleur en fleur.

▶ Il ne faut pas confondre **apposition** et **attribut du Sujet** : c'est un problème de virgules et de verbes :

Son médecin, **chirurgien de renom**, rassura ma sœur sur on opération. *(apposition)*
Son médecin est un **chirurgien de renom** et rassura ma sœur sur son opération. *(attribut)*

La différence fondamentale entre l'apposition et l'attribut est que :
Entre l'apposition et le mot complété, il n'y a pas de verbe mais des virgules.
Entre l'attribut et le mot complété, il y a un verbe mais pas de virgules.

▶ Il ne faut pas confondre **nom en apposition** et **complément du nom** : c'est le problème rencontré avec l'emploi de « **de** ».
Deux exemples simples :

(1) Je visite la *ville* **de Marseille** [1]
(2) Je visite les *rues* **de Marseille** [2]

Dans les 2 exemples, *Marseille* complète le mot *Ville* ou *rues*. Mais dans :
(1) : la *ville* et *Marseille* sont une « **même chose identique** » → apposition
(2) : Les *rues* et *Marseille* ne sont **pas** une « **même chose identique** » → complément du nom

III. La fonction grammaticale en rapport avec la phrase : le complément circonstanciel

Le complément circonstanciel complète le sens de la phrase. On trouve le complément circonstanciel en faisant après le verbe les questions : quand ? où ? comment ? avec quoi ? pourquoi ? etc.

✓ **Il informe par exemple sur :**

→ Le **lieu** où se déroule un événement. Il répond à la question : **où ?**

Les plus belles fleurs poussent **en Hollande**.

→ Le **temps** ou le moment où a lieu un événement. Il répond à la question : **quand ?**

Les fraises murissent **en été**.

→ La **manière** dont se fait une action. Il répond à la question : **comment ?**

Les saisonniers cueillent les raisins **avec dextérité**.

→ Le **moyen** par lequel se fait une action. Il répond à la question : **par quel moyen ?** ou **avec quoi ?**

Nous mangeons **avec une fourchette**.

→ Le **motif** pour lequel se fait une action. Il répond à la question : **pour quel motif ?**

Bernadette travaille **pour gagner sa vie**.

✓ **Le complément circonstanciel peut être de différentes natures :**

→ Un **groupe nominal** :

L'hiver, il fait très froid.

→ Un **groupe nominal prépositionnel** :

Les informations sont inquiétantes **dans les journaux**.

→ Un **pronom personnel** (en, y) :

Je viens de Marseille et j'**y** retourne le mois prochain.

→ Un **adverbe** :

Je joue **souvent** au basket.

→ Une **proposition** :

Quand le blé est mûr, les paysans récoltent les épis.

Le plus souvent, le complément circonstanciel est un complément **non essentiel** que **l'on peut déplacer** à l'intérieur de la phrase **ou supprimer** :

Il neige **en hiver** → il neige.

Mais avec certains verbes comme aller, le complément circonstanciel n'est ni **déplaçable ni supprimable** :

Je pars **à Lyon** → je pars.
Je vais **à Paris** → ~~je vais~~.

Les fonctions grammaticales par rapport au nom

FONCTION GRAMMATICALE	LES CLASSES GRAMMATICALES
Apposition : L'apposition est l'extension du nom ou du groupe nominal par l'ajout d'un adjectif, d'un groupe nominal, d'un nom ou d'un pronom qui apporte une précision, tout en étant isolé du nom ou du groupe nominal par une virgule.	**un adjectif qualificatif** : Apeuré, le chat se cache. **un groupe nominal** Ce salon, lieu de vie, est toujours en désordre. **un nom** Cette femme, médecin, est formidable. **un pronom** Cette maison, la sienne, est très belle. **un infinitif** Mon souhait, vendre la maison, venait de se réaliser.
Complément du nom Le complément du nom est un mot ou un groupe de mot qui précise ou modifie le sens du nom. La fonction de complément de nom peut être occupée par un nom, un groupe nominal, un pronom, un verbe à l'infinitif, un adverbe, une proposition.	**un nom** Le masque de fer. **un groupe nominal** La mine des sept nains. **un pronom** La veste de celui-là. **un verbe à l'infinitif** Une machine à coudre. **un adverbe** Le repas d'aujourd'hui. **une proposition subordonnée relative** Le chien qui a un collier rouge est le mien.
Epithète L'épithète est un mot ou un groupe de mot qui est lié au nom et le précise. L'épithète peut être supprimé sans nuire au sens de la phrase.	**un adjectif qualificatif** Une petite souris. Un chapeau noir.

Les fonctions grammaticales par rapport au verbe

FONCTION GRAMMATICALE	LES CLASSES GRAMMATICALES
Sujet	**un nom** Paris est la capitale de la France. **un groupe nominal** Les employés de la société ont manifesté. **un pronom** Elle ne me quitte plus. **un verbe à l'infinitif** Chanter demande d'avoir une belle voix. **une proposition** Qu'elle ne puisse pas venir est très triste.
COD (complément d'objet direct)	**un nom** Clara aime Adrien. **un groupe nominal** Laura mange des gâteaux. **un pronom** Elle le regarde.
COI (complément d'objet indirect)	**un nom** Philippe téléphone à Sophie. **un groupe nominal** La mère parle à son fils. **un pronom** Je lui parle.
COS (complément d'objet second)	**un nom** Claire donne un bonbon à Alexandre. **un groupe nominal** Eve montre ses notes à ses parents. **un pronom** Elle leur a demandé une explication.
Complément d'agent	**un nom** Les enfants sont grondés par Pierre. **un groupe nominal** Paul a été choisi par les membres du jury. **un pronom** Le message a été envoyé par lui.
Compléments essentiels	**de lieu** Je vais à la campagne. **de mesure** Il mesurait deux mètres. **de temps** Cela dure trop longtemps.

La fonction attribut

FONCTION GRAMMATICALE	LES CLASSES GRAMMATICALES
Attribut du sujet Il n'y a jamais de COD derrière un verbe d'état, on parle d'attribut du sujet	**un nom** Son nom est Jessica. **un groupe nominal** Son père est un célèbre acteur. **un pronom** C'est la mienne. **un adjectif qualificatif** La pluie est froide. **une proposition** Son seul but est que tu gagnes. **un verbe à l'infinitif** Son seul objectif est de réussir.
Attribut du complément d'objet	**un groupe nominal** On a nommé Mr Durant chef de projet. **un adjectif qualificatif** La fatigue rendait l'étudiant nerveux.

La fonction grammaticale par rapport à la phrase

FONCTION GRAMMATICALE	LES CLASSES GRAMMATICALES
Complément circonstanciel de temps, de lieu, de manière, de moyen, de cause, de motif	**un nom** Elle rentre de Corse. **un groupe nominal** Ce matin, tous les invités sont partis. **un pronom** j'y reste. **un adverbe** La pluie ne tombait pas hier. **une proposition** Pour pouvoir se reposer, il a pris des congés

QUATRIEME PARTIE
-Conjugaison-

I. L'identification du verbe

Conjuguer un verbe, c'est le réciter ou l'écrire dans tous **ses modes**, **ses temps**, **ses nombres** et **ses personnes.**

L'infinitif et le participe sont appelés modes impersonnels, parce qu'ils n'admettent pas la distinction des personnes ; les autres modes sont dits personnels.

1) Le passé, le présent, le futur

Le verbe permet de situer les actions dans le temps : le passé, le présent, le futur :

Le cycliste **a ralenti**. Il s'**arrête** au feu rouge. Il **redémarrera** au feu vert.

Dans une phrase, les indicateurs de temps permettent aussi de savoir si les actions se déroulent dans le passé, dans le présent ou dans le futur. Les indicateurs de temps sont des mots comme : **hier**, **avant**, **maintenant**, **tout de suite**, **plus tard**...

Hier, j'ai appris une chanson. **Ce matin**, je la répète. **Plus tard**, je la chanterai devant ma famille.

2) Les personnes de la conjugaison

Le pronom personnel remplace le nom. Il permet de désigner, sans la nommer, la personne qui parle, la personne à qui l'on parle ou la personne (ou la chose) dont on parle.

Verbe conjugué (exemple : parler)	Pronom personnel	Personne désignée
je parle	1ère personne du singulier	c'est moi qui fais l'action
tu parles	2ème personne du singulier	c'est toi qui qui fais l'action
il, elle, on parle	3ème personne du singulier	c'est lui ou elle qui fait l'action
nous parlons	1ère personne du pluriel	c'est nous qui faisons l'action
vous parlez	2ème personne du pluriel	c'est vous qui faites l'action
ils, elles parlent	3ème personne du pluriel	ce sont eux ou elles qui font l'action

Remarque :

Vous peut désigner aussi la 2ème personne du singulier, lorsque l'on s'adresse à une personne que l'on ne connaît pas :

Je suis enchanté de vous rencontrer.

Monsieur, vous êtes venu. (attention à l'accord du participe passé qui reste au singulier quand on emploie le vous de politesse pour s'adresser à une seule personne)

On, pronom de la 3ème personne du singulier, peut parfois être employé à la place de nous :

On va à la patinoire cet après-midi. (= nous allons à la patinoire cet après-midi)

3) Modifications du verbe selon le temps et la personne

Le verbe change suivant le temps auquel il est conjugué :

Il court (présent) il a couru (passé composé) il courait (imparfait) il courra (futur)

Le verbe change suivant la personne à laquelle il est conjugué :

elle chant**e**, **nous** chant**ons**

4) L'infinitif du verbe et les trois groupes

Pour nommer un verbe, on utilise son infinitif. Dans le dictionnaire, les verbes sont écrits à l'infinitif.

Les trois groupes

Les verbes sont classés en trois groupes selon la terminaison de leur infinitif :

1) Les verbes du 1er groupe ont leur infinitif qui se termine par **-er** et se conjugue comme **aimer** (parler, chanter, jouer…)

2) Les verbes du 2ème groupe ont leur infinitif qui se termine par **-ir** et se conjugue comme **finir**. Leur radical se termine par **-iss** à certaines personnes du présent ou de l'imparfait : finir — nous fin**iss**ons

3) Les verbes du 3ème groupe : Tous les autres verbes sont des verbes du 3ème groupe : partir, boire, dire, faire, pouvoir, prendre, rendre, savoir, venir, voir, vouloir, ...

<u>Attention</u> ! Le verbe **aller** est un verbe du 3ème groupe.

5) Les deux parties du verbe : le radical et la terminaison

On distingue deux parties dans le verbe : l'une invariable, c'est **le radical** ; l'autre variable, suivant la personne, le nombre, le temps et le mode, c'est **la terminaison**.

Dans le verbe **finir** : je |fin|is, nous |fin|irons, le radical est « **fin** », les terminaisons sont : « **is** », « **irons** ».

Dans le verbe chanter : nous |chant|ons, elle |chant|era, je |chant|erais, le radical est « **chant** », les terminaisons sont : « **ons** », « **era** », « **erais** »

Pour conjuguer un verbe, il suffit généralement d'ajouter au radical les terminaisons du verbe modèle.

Ainsi, on conjuguera chanter en ajoutant au radical |chant| les terminaisons du verbe **aimer**.

⚠ **Les verbes être et avoir sont employés comme auxiliaires dans les temps composés.**

6) Les verbes irréguliers : les verbes du 3ème groupe et les verbes défectifs

Les verbes irréguliers sont ceux qui échappent aux règles générales (ils ont des conjugaisons différentes) et non aux règles des trois conjugaisons standards.

<u>On distingue</u> :

➤ Les verbes du 3ème groupe, qui en réalité ont une certaine régularité et peuvent être répartis en cinq groupes :

→ Ceux terminés en **-aindre/oindre/eindre**
→ Ceux terminés en **-ir**
→ Ceux terminés en **-dre/tre**
→ Ceux terminés en **-oir**
→ Ceux terminés en **-oire**

➤ Les verbes totalement irréguliers qui sont : **être, avoir, aller, dire, pouvoir, savoir, valoir, vouloir, faire** (voir tableaux de conjugaison [1] [2] [14] [21] [26] [27] [28] [29] [48] de ces verbes)

➤ Les verbes défectifs

Ce sont les verbes qui ne se conjuguent pas à tous les temps (ex. : **paître**) et les verbes impersonnels qui se conjuguent uniquement à la troisième personne du singulier comme le verbe **falloir**, tableau de conjugaison [30] et les verbes météorologiques (**pleuvoir**, tableau de conjugaison [31]).

Exemples : Il fait beau ; il neige ; Il faut...

7) Être et Avoir

Les verbes **avoir** et **être** sont employés dans des situations très diverses et sont utilisés comme auxiliaires pour former les temps composés. Il est donc important de bien les connaître.

Emplois de Être

Comme verbe principal

On emploie le verbe **être** :

→ En relation avec les adjectifs qualificatifs pour **indiquer l'état** d'une personne, d'une chose, d'une situation. :

Tu es gentil.

→ Pour identifier quelqu'un ou quelque chose (désignation, nationalité, profession, …) :

C'est Emma. Elle est française. Elle est coiffeuse.

→ Pour indiquer la date et l'heure

Aujourd'hui on est le 10 novembre. Il est 8 heures.

Comme auxiliaire

L'auxiliaire « être » sert à conjuguer :

→ Jes temps composés des verbes pronominaux :

Je me **suis** trompé.

→ Les verbes à la voix passive dans tous leurs temps :

Le vélo **est** réparé par Cédric.
Il **était** aimé de tous.

→ Les temps composés de certains verbes intransitifs exprimant un mouvement ou un changement d'état (arriver, partir, aller, devenir, rester, sortir, venir, naître, mourir...)

Elles **étaient** arrivées en retard.

→ Les temps de certains verbes impersonnels :

Il est arrivé que ma fille m'obéisse.

Les expressions avec « être »

Les expressions qui décrivent l'état émotionnel d'une personne :
- Être heureux

Je suis heureux de voir mes parents.
- Être triste

Nous sommes tristes d'avoir perdu notre chien.
- Être en colère

Anne est en colère contre son fils.
- Être content

Je suis contente de mon travail.

Les expressions qui décrivent le caractère d'une personne :
- Être paresseux

Elle ne fait rien. Elle est paresseuse.
- Être intelligent

Jean est le plus intelligent de sa classe.
- Être sympathique

Annie est vraiment sympathique.

Les expressions qui expriment l'état de santé :
- Être fatigué

Je suis très fatigué en ce moment.
- Être malade

Elle est malade depuis deux jours.
- Être en forme

Je suis en pleine forme depuis que je me couche tôt.

Emplois de Avoir

Comme verbe principal

On emploie le verbe **avoir** :

→ Pour exprimer la possession :

J'ai une voiture.

→ Pour désigner un état qui se rapporte à un nom commun :

Nous **avons** le temps.
Ils **ont** un frère.
Elle **a** les yeux noirs.

→ Pour indiquer l'âge :

J'**ai** 30 ans.

Comme auxiliaire

L'auxiliaire « avoir » sert à conjuguer :

→ Lui-même dans les temps composés :

j'**ai eu** peur, j'**avais eu** peur, j'**aurai eu** peur, …

→ Les temps composés du verbe être :

Nous **avons été** malade.

→ Les temps composés des verbes actifs :

J'**ai aimé** aller nager hier.

Il se peut que nous **ayons mangé** des huîtres.

→ Les temps composés de tous les verbes intransitifs (ou neutres) dont le participe est invariable :

Elle **a dormi**, il **a marché**, …

→ Les temps composés de verbes impersonnels, à l'exception du verbe agir :

Il a plu, il a neigé, il a fait froid, …

Il y a d'autres verbes que l'on considère comme auxiliaires et semi-auxiliaires : aller, devoir, faire, falloir, laisser, pouvoir, savoir, venir, vouloir.

Les expressions avec avoir

Les expressions qui décrivent les sentiments d'une personne :
• Avoir envie de :
Il a envie de passer son permis de chasse.
• Avoir peur de
Il a peur de rater son bac.
• Avoir honte de
Elle a honte des boutons sur sa figure.
• Avoir l'horreur de
Patrick a horreur des araignées.

Les expressions qui expriment l'état d'une personne :
• Avoir chaud / froid
Il a de la fièvre : il avait trop chaud et maintenant il a froid
• Avoir faim / soif
Sandrine a toujours faim.
Je dois boire mais je n'ai jamais soif.
• Avoir sommeil
Il se fait tard, j'ai sommeil.

Les expressions qui décrivent les habitudes, les intentions ou les besoins :
• Avoir l'intention de
Laura a l'intention de changer de travail.
• Avoir l'habitude de
Il a l'habitude de boire un verre de lait tous les matins.
• Avoir besoin de
Magali a besoin de temps pour y arriver.

Autres expressions :
• Avoir de la chance
J'ai de la chance aux jeux.
• Avoir l'air de
Célia n'a pas l'air d'aller très bien.
• Avoir raison / tort
J'ai eu raison d'insister.
Il a tort de parler ainsi à ses parents.

Savoir les distinguer

Le verbe « **être** » est généralement utilisé pour exprimer un état, une attitude, une action.

Tu **es** très sage en classe.
Je **suis** malade ce matin.

Le verbe « **avoir** » est généralement utilisé pour exprimer la possession.

J'**ai** un appartement en ville.
Tu **as** une poussière dans l'œil.

Exemples sous forme de tableau au présent de l'indicatif :

AVOIR	ÊTRE
J'**ai** un beau bateau.	Je **suis** heureuse.
Tu **as** un vieux téléphone.	Tu **es** malade.
Il/elle **a** six enfants.	Il/elle **est** en retard.
Nous **avons** du travail.	Nous **sommes** en forme
Vous **avez** du temps.	Vous **êtes** malheureux.
Ils/elles **ont** un iPhone.	Ces enfants **sont** très beaux.

II. Les modes et les temps

1) Les modes

Le mode infinitif

Le mode infinitif est un mode impersonnel et non temporel (il ne se conjugue pas aux différents temps connus). Les verbes à l'infinitif peuvent se terminer par **-er** (parler), **-ir** (finir), **-re** (prendre) ou **-oir** (voir).
Il y a en français de nombreux mots et constructions verbales qui sont suivis de l'infinitif. L'infinitif est invariable.

✓ On distingue deux temps :
→ Le présent : parler
→ Le passé : avoir parler

Le mode participe

Le mode participe est un mode essentiel en français. Tout comme le mode infinitif c'est un mode impersonnel et non temporel.

✓ Il existe trois temps de participes : le participe présent, le participe passé et le participe passé composé.

Ces formes sont utilisées de manière variée dans la langue française pour exprimer différentes nuances de temps, d'action et d'adjectifs :
→ Le participe présent du verbe parler : **parlant**
→ Le participe passé du verbe être : **été**
→ Le participe passé composé du verbe mordre : **ayant mordu**

Le mode indicatif

✓ Il comporte huit temps qui situent ce qui se passe dans la réalité, dans le passé, le présent et le futur :

➢ des temps simples :

→ Le présent : il écri**t**.
→ L'imparfait : il écri**vait**.
→ Le passé simple : il écri**vit**.
→ Le futur : il écri**ra**.

➢ des temps composés :

→ Le passé composé : il **a** écrit.
→ Le plus-que-parfait : il **avait** écrit.
→ Le passé antérieur : il **eut** écrit.
→ Le futur antérieur : il **aurait** écrit.

Le mode impératif

Il est employé au présent pour donner des ordres, des interdictions, des conseils.

✓ Il a deux temps et il ne comporte que deux personnes :

→ Le présent : écris, écri**vons**, écri**vez**
→ Le passé (peu utilisé) : **aie** écrit, **ayons** écrit, **ayez** écrit

Le mode conditionnel

Il est employé pour indiquer qu'une action pourrait avoir lieu si une condition, exprimée ou sous-entendue, était remplie.

✓ Il comporte trois temps :

→ Le présent : je parlerais
→ Le passé 1ère forme : j'aurais parlé
→ Le passé 2ème forme : j'eusse parlé

Le mode subjonctif

Il est employé pour indiquer une action incertaine car elle dépend d'une autre action (un souhait ou une volonté par exemple.).

✓ Il comporte quatre temps :

→ Le présent : que je parle
→ L'imparfait : que je chantasse
→ Le passé : que j'aie chanté
→ Le plus-que-parfait : que j'eusse chanté

2) Les temps

Le présent de l'indicatif

On utilise le présent de l'indicatif pour :

➤ Exprimer un fait qui se passe au moment où il est raconté.

Nous **prenons** le petit déjeuner en écoutant la radio.

➤ Énoncer, dans un dialogue, ce que fait le personnage d'un récit au moment où il parle.

Thomas a demandé : « Vous **prenez** le bus avec moi ?»

➤ Exprimer des faits qui restent tout le temps vrais ou des faits habituels, répétitifs :

Le matin elle **déjeune** vers 7 heures.

1) Le présent de l'indicatif-verbes du 1er groupe

Les terminaisons des verbes du 1er groupe au présent de l'indicatif :

Personnes du singulier	Personnes du pluriel
je ....**e**	nous ...... **ons**
tu............**es**	vous ...... **ez**
il/elle/on.. **e**	ils/elles . **ent**

✓ La plupart des verbes du 1er groupe ont le même radical à toutes les personnes.

|aim|er → il |aim|e — nous |aim|ons

Remarque :

Certains verbes du 1er groupe ont une particularité :

▶ Dans les verbes en **-cer**, le **-c** prend une cédille devant **-ons** : nous fonçons.

▶ Dans les verbes en **-ger**, il y a un **e** entre **g** et **-ons** : nous plongeons.

▶ Dans les verbes en **-guer**, le **-u** du radical reste devant **-ons** : nous distinguons.

▶ Les verbes en **-eler** et en **-eter** doublent la consonne **l** ou **t** devant une syllabe muette :

appeler (et ses dérivés) : j'appelle, nous appelons

jeter (et ses dérivés) : je jette, nous jetons

▶ Les verbes en **-oyer** et **-uyer** changent l'**y** en **i** devant un « e » muet :

envoyer : j'envoie, nous envoyons

essuyer : tu essuies, vous essuyez

<u>Mais</u> on peut conserver « y » dans les verbes en **-ayer** :

payer : il paye ou il paie, nous payons.

2) Le présent de l'indicatif-verbes des 2ème et 3ème groupes

Au présent de l'indicatif, les terminaisons des verbes du 2ème groupe et 3ème groupes sont identiques :

Personnes du singulier	Personnes du pluriel
je .... s	nous ......ons
tu .... s	vous ......ez
il/elle/on . t	ils/elles..ent

✓ Pour les personnes du pluriel des verbes du 2ème groupe ont intercale l'élément **-ss** entre le radical et la terminaison :

→ Personnes du singulier : je choisis, tu choisis, il choisit

→ Personnes du pluriel : nous choisissons, vous choisissez, ils choisissent

✓ La plupart des verbes du 3ème groupe ont un radical qui varie selon la personne et certains verbes du 3ème groupe ainsi que les verbes **être** et **avoir** ont une conjugaison particulière.

✓ Tous les verbes se terminant en **-dre** ne prennent pas de **t** à la 3ème personne du singulier :
Il prend ; on perd ; elle rend

Le futur de l'indicatif

1) Le futur simple

Le futur simple de l'indicatif exprime un fait qui se déroulera plus tard :

En septembre prochain, Luana **changera** d'école.

✓ Au futur, le radical des verbes est le même à toutes les personnes. Les terminaisons sont les mêmes pour tous les verbes :

Personnes du singulier	Personnes du pluriel
je............**rai**	nous......**rons**
tu............**ras**	vous......**rez**
il/elle/on..**ra**	ils/elles.**ront**

Attention ! Certaines terminaisons se prononcent de la même façon à l'oral mais ne s'écrivent pas de la même façon :

tu chanteras — il chantera
nous chanterons — ils chanteront

2) Le futur antérieur de l'indicatif

Le futur antérieur exprime une action qui aura lieu avant l'action indiquée au futur :

Quand il aura lavé la voiture [1], il emmènera Tom au judo [2].
(1) 1ère action : futur antérieur (2) 2ème action : futur simple

✓ Le futur antérieur est un temps composé. Il se forme avec **l'auxiliaire avoir** ou **être au futur** et le **participe passé** du verbe conjugué. Quand le futur antérieur est formé avec l'auxiliaire être, le participe passé s'accorde avec le sujet :

Ils auront v**u** — elles auront v**u**
Il sera repart**i** — **elle** sera repart**ie**

L'imparfait de l'indicatif

L'imparfait exprime des faits passés. Il permet d'expliquer des habitudes et de décrire des lieux, des personnages. À l'imparfait, le radical du verbe est le même à toutes les personnes. Les terminaisons sont les mêmes pour tous les verbes :

Personnes du singulier	Personnes du pluriel
je............**ais**	nous......**ions**
tu............**ais**	vous......**iez**
il/elle/on..**ait**	ils/elles.**aient**

➢ Certains verbes du 1er groupe ont une particularité :
verbe en **-cer** : je lan**ç**ais ; verbes en **-ger** : tu plon**ge**ais ; verbes en **-guer** : il distin**gu**ait

➢ Les verbes du 2ème groupe ont leur radical en **-iss** : tu |agiss|ais

Le plus-que-parfait de l'indicatif

Le plus-que-parfait est un temps du passé. Il s'emploie avec l'imparfait et le passé simple ou avec l'imparfait et le passé composé pour marquer des actions plus anciennes que celles qui sont exprimées à l'imparfait, au passé simple ou au passé composé.

✓ Comme le passé composé, le plus-que-parfait est un temps composé. Il se forme avec **l'auxiliaire être** ou **avoir à l'imparfait + le participe passé du verbe conjugué** :

j'**avais** emporté mon matériel, il **était** sorti.

➢ Quand le plus-que-parfait est formé avec l'auxiliaire être, le participe passé s'accorde avec le sujet :

il était mont**é** ; **elle** s'était avanc**ée** ; **ils** étaient descend**us** ; **elles** étaient entr**ées**

Le passé simple de l'indicatif

Comme le passé composé, le passé simple présente des actions passées. Il est plus utilisé dans la langue écrite. Il s'emploie en général avec l'imparfait :

J'avais peur d'être trop en avance mais l'avion **décolla** à l'heure.

1) verbes du 1er groupe et aller

Au passé simple, les terminaisons des verbes du 1er groupe et du verbe aller sont :

Personnes du singulier	Personnes du pluriel
je .... **ai**	nous ......**âmes**
tu .... **as**	vous ......**âtes**
il/elle/on . **a**	ils/elles..**èrent**

✓ La plupart des verbes du 1er groupe et le verbe aller (3ème groupe) ont le même radical à toutes les personnes.

➢ Certains verbes du 1er groupe ont une particularité :
→ Dans les verbes terminés en -**guer**, le **u** du radical reste devant les terminaisons : il distin**gua**.
→ Il ne faut pas oublier la cédille dans les verbes en -**cer** : je lançai.
→ Il ne faut pas oublier le **e** dans les verbes en -**ger** : tu mangeas.

2) Le passé simple de l'indicatif-verbes des 2ème et 3ème groupes

Au passé simple, les verbes du 2ème et du 3ème groupe, ainsi que les auxiliaires être et avoir, ont les mêmes terminaisons :

Personnes du singulier	Personnes du pluriel
je .... **s**	nous ......**mes**
tu .... **s**	vous ......**tes**
il/elle/on . **t**	ils/elles..**rent**

Remarques :

▶ Les terminaisons des trois personnes du singulier se prononcent de la même façon à l'oral mais ne s'écrivent pas de la même façon : je fin**is**, tu fin**is**, il fin**it**.

▶ Aux 1ère et 2ème personnes du pluriel, il ne faut pas oublier l'accent circonflexe : **nous** eûmes **vous** dormîtes

▶ La conjugaison des verbes du 2ème groupe et des verbes **dire** et **rire** est la même aux trois premières personnes du singulier du passé simple et du présent de l'indicatif :
je finis, tu finis, il finit
je dis, tu dis, il dit

▶ Il ne faut pas confondre : vous dites (présent) et vous dîtes (passé simple).

Le passé antérieur de l'indicatif

Il sert à exprimer une action qui a eu lieu avant une autre action du passé, celle-ci souvent exprimée au passé simple. Il est très peu utilisé.

✓ Le passé antérieur se forme avec l'**auxiliaire avoir** ou **être au passé simple de l'indicatif + le participe passé du verbe à conjuguer** :

J'eus aimé en être averti avant.

Le passé composé de l'indicatif

Le passé composé présente des actions passées. Il exprime des faits achevés à un moment donné du passé, en relation avec le présent ou dont les conséquences sont encore visibles dans le présent. Il s'emploie en général avec l'imparfait :

Je revenais de la clinique lorsque **j'ai rencontré** mon oncle.

1) Verbes du 1er groupe, être et aller

✓ Le passé composé des verbes du 1er groupe, ainsi que du verbe être et du verbe aller se forme avec **l'auxiliaire avoir** ou **être au présent + le participe passé** du verbe conjugué :

Il **est tombé**, il **a pleuré**, il **est allé** à l'hôpital où il **a été** malade.

➢ Quand le passé composé est formé avec l'auxiliaire être, le participe passé s'accorde avec le sujet. Il faut alors chercher le genre et le nombre du sujet :

Je (Tom) **suis** tomb**é** — je (Léa) **suis** tomb**ée**
Ils **sont** tomb**és** — elles **sont** tomb**ées**

➢ Quand le passé composé est conjugué avec **l'auxiliaire avoir**, le participe passé **ne s'accorde pas** avec le sujet.

Elles **ont** mang**é**.

2) Verbes des 2ème et 3ème groupes

Au passé composé, les verbes du 2ème et du 3ème groupe ont des participes passés qui se terminent différemment.

Verbes du 2ème groupe	Verbes du 3ème groupe : participe passé en -i, -u, -t, -is ou -it
j'ai **fini** tu as **fini** il a **grandi** ; nous avons **réfléchi** vous avez **réfléchi**	il a **menti** ; il a **suivi** ; il a **voulu** ; il a **fait** ; il a **ouvert** ; il a **pris** ; il a **mis** ; il a **dit** ; il a **écrit**

➢ Quand le passé composé d'un verbe est conjugué avec l'auxiliaire être, le participe passé s'accorde avec le sujet :

Elle **est** ven**ue**.

Remarque : Le verbe **avoir** a son participe passé en **-u** : J'ai eu

L'impératif

1) L'impératif présent

Le présent de l'impératif sert à donner des ordres, des conseils, des souhaits, des demandes ou des interdictions.

✓ Le mode impératif n'a que trois personnes : 2ème pers. du singulier (tu), 1ère pers. du pluriel (nous), 2ème pers. du pluriel (vous). **Le sujet n'est pas exprimé**.

Ne t'inquiète pas ! (tu)
Ecrivons cette lettre ! (nous)
Ralentissez à l'entrée du village ! (vous)

Remarques :

▶ Les verbes du **1er groupe** et **certains verbes du 3ème groupe (cueillir, offrir, ouvrir, couvrir...)** se conjuguent au présent de l'impératif comme au présent de l'indicatif **sauf** à la 2ème personne du singulier où ils ne prennent pas de -s : observe, observons, observez.

▶ Les autres verbes du **2ème** et du **3ème groupe** se conjuguent au **présent de l'impératif** comme au **présent de l'indicatif** :
Choisir : choisis – choisissons – choisissez
Venir : viens – venons - venez
Être : sois - soyons - soyez
Avoir : aie - ayons - ayez
Aller : va - allons - allez

2) L'impératif passé

L'impératif passé est un temps de verbe composé qui sert à exprimer une obligation ou un ordre qui doit être accompli dans le futur, souvent précisé par un indicateur de temps.

✓ Le mode impératif passé se forme avec **l'auxiliaire avoir ou être à l'impératif présent + le participe passé du verbe à conjuguer**. Tout comme l'impératif présent, il n'a que trois personnes : 2ème pers. du singulier, 1ère pers. du pluriel, 2ème pers. du pluriel Selon l'auxiliaire employé, le participe passé suit les règles d'accord habituelles.

Ayez terminé vos devoirs **avant** mon retour.
Soyons préparés avant de passer le concours.

Le conditionnel

1) Le conditionnel présent

• Le conditionnel présent est utilisé dans une phrase après un verbe à l'imparfait qui exprime une condition :

Si nous avions une tente, nous **ferions** du camping.

• Il est aussi utilisé pour exprimer un **ordre,** une **demande,** un **conseil** de façon atténuée, polie :

Pourrait-on venir avec toi ?

✓ Pour former le présent du conditionnel de tous les verbes, **on ajoute au radical du verbe** (celui du futur de l'indicatif), **le -r- du futur + les terminaisons de l'imparfait** :

Personnes du singulier	Personnes du pluriel
je .... **rais**	nous ......**rions**
tu .... **rais**	vous ......**riez**
il/elle/on . **rait**	ils/elles..**raient**

⚠️ Il ne faut pas confondre le présent du conditionnel (je parti**rais**, je chante**rais**) avec le futur de l'indicatif (je parti**rai**, je chante**rai**).
Pour les verbes du **1ᵉʳ** groupe, ne pas oublier le **-e-** à la fin du radical : je jouerais.

2) Le conditionnel passé 1ᵉʳᵉ forme

Le conditionnel passé est un temps de verbe composé qui fait partie du mode indicatif. Il sert souvent à exprimer un fait hypothétique du passé. Comme pour les autres temps composés, les participes passés s'accordent en fonction de l'auxiliaire utilisé.

✓ Il est formé de **l'auxiliaire avoir (ou être) au conditionnel présent de l'indicatif + participe passé du verbe à conjuguer**.

L'accident **aurait fait** trois morts.

Lorsque le verbe de la subordonnée introduite par "**si**" est au plus-que-parfait, le verbe de la principale est au conditionnel passé 1ᵉʳᵉ forme :

Si nous avions su, nous **serions venus**.

3) Le conditionnel passé 2ᵉᵐᵉ forme

Il s'agit d'un langage très soutenu et peu usité pour exprimer une éventualité du passé.

✓ C'est un temps composé de **l'auxiliaire avoir (ou être) à l'imparfait du subjonctif + le participe passé du verbe à conjuguer.**

S'il avait su, il **eût pris** son chapeau.

Le subjonctif

Le **mode subjonctif** est utilisé après des verbes exprimant une volonté ou un souhait : **vouloir que..., souhaiter que..., il faut que...** :

1) Le subjonctif présent

Il souhaite que vous all**iez** à la faculté de médecine.

✓ Au présent du subjonctif, les terminaisons de tous les verbes sont les mêmes :

Personnes du singulier	Personnes du pluriel
je............**e**	nous......**ions**
tu............**es**	vous......**iez**
il/elle/on..**e**	ils/elles.**ent**

⚠ Seules exceptions, les verbes **avoir** et **être** :
→ avoir : que j'aie, que tu aies, qu'il ait, que nous ayons, que vous ayez, qu'ils aient
→ être : que je sois, que tu sois, qu'il soit, que nous soyons, que vous soyez, qu'ils soient

➤ Le radical des verbes du **1er groupe** est le même qu'au présent de l'indicatif :

Il faut que je |mang|e, que nous |mang|ions.

➤ Le radical des verbes du **2ème groupe** reste le même à chaque personne :

Il faut que j'|agiss|e, que tu |agiss|es.

➤ Le radical des verbes du **3ème groupe** change parfois suivant la personne :

que je |vienn|e → que nous |ven|ions ; que j'|aill|e → que nous |all|ions ; que je |voi|e, que nous |voy|ions

2) le subjonctif passé

Le subjonctif passé exprime une action incertaine, supposée réalisée au moment où nous nous exprimons :

Je ne crois pas qu'elle **ait acheté** ce véhicule.

✓ Le subjonctif passé est un temps composé : on le construit avec **le subjonctif de l'auxiliaire être (ou avoir) + le participe passé du verbe à conjuguer** :

Il faut qu'ils **soient partis** avant ce soir.
Je doute qu'ils **aient terminé** demain.

> **Remarques :**
>
> ▶ Avec les **verbes pronominaux** on emploie toujours l'auxiliaire **être** :
>
> Nous ne croyons pas qu'il **se soit lavé**.
>
> ▶ A la **voix passive** on utilisera l'auxiliaire « **être** » **au subjonctif passé** :
>
> Je ne pense pas qu'elle **ait été surprise** par cette nouvelle.

3) Le subjonctif imparfait

Le subjonctif imparfait est un temps simple qui sert à exprimer une action incertaine, non réalisée au moment de l'énonciation. Le subjonctif imparfait a la même valeur que le subjonctif présent, mais il est employé dans un texte écrit au passé et n'est pas utilisé à l'oral.

✓ Pour tous les verbes, toutes les personnes de **l'imparfait du subjonctif se construisent sur un seul radical** ; ce radical est le même que **celui du passé simple de l'indicatif du verbe**.

Vouloir : je voulus — que je voulusse
Faire : je fis — que je fisse
Venir : je vins — que je vinsse

Tableau des terminaisons de l'imparfait du subjonctif selon les groupes et les personnes

	1ère pers. s.	2ème pers. s.	3ème pers. s.	1ère pers. pl.	2ème pers. pl.	3ème pers. pl.
1er groupe	-asse	-asses	-ât	-assions	-assiez	-assent
2ème groupe	-isse -usse -insse	-isses -usses -insses	-ît -ût -înt	-issions -ussions -inssions	-issiez -ussiez -inssiez	-issent -ussent -inssent
3ème groupe	-sse	-^t	-sses	-ssions	-ssiez	-ssent

4) Le subjonctif plus-que-parfait

Le subjonctif plus-que-parfait exprime une action incertaine, supposée réalisée au moment où le locuteur s'exprimait. Le subjonctif plus-que-parfait est surtout employé en littérature.

✓ Le subjonctif plus que parfait est un temps composé : on le forme avec **le subjonctif imparfait des auxiliaires être** (ou **avoir**) **+ le participe passé du verbe à conjuguer**.

Je ne croyais pas qu'elle **eût rendu** ses devoirs à l'heure.

L'infinitif

1) L'infinitif présent

L'infinitif présent sert à nommer les verbes. C'est sous cette forme qu'on les retrouve dans un dictionnaire. L'infinitif présent peut être utilisé :

→ Après un verbe conjugué :

Il aime **lire**.

→ Après les prépositions **à**, **pour**, **de**... :

Il s'entraîne **à danser** avant **de sortir**, **pour aller** à la discothèque.

→ Il peut également être utilisé en début de phrase pour donner des consignes, des conseils :

Fumer est interdit.
Ne pas **marcher** sur la pelouse.

2) L'infinitif passé

L'infinitif passé indique une action qui s'est produite avant celle qui est exprimée par un autre verbe.

✓ L'infinitif passé se construit avec **l'auxiliaire être (ou avoir) à l'infinitif + le participe passé du verbe conjugué**

Après **avoir sorti** ses outils, il s'est préparé à réparer le robinet.
Ne viens pas me parler avant d'**avoir fini** d'apprendre ta leçon.

Les participes

1) Le participe présent

✓ Le participe présent est la forme verbale qui se forme en ajoutant « **-ant** » à la base verbale. Le participe présent est généralement invariable en genre et en nombre.

➢ Il est principalement utilisé pour exprimer une action en cours, une simultanéité ou une action qui se produit en même temps qu'une autre action :

Elle mange en **écoutant** de la musique.
L'action de manger se déroule simultanément avec l'action d'écouter.

➢ Il peut également être utilisé comme adjectif verbal pour décrire une caractéristique d'une personne ou d'une chose :

Un enfant **souriant**.

2) Le participe passé

Le participe passé est une forme verbale qui se forme de différentes manières selon les groupes de verbes. Il est principalement utilisé pour former les temps composés (comme le passé composé) en combinaison avec l'auxiliaire « avoir » ou « être »

Il a **mangé** sa pomme.
Le participe passé « mangé » est utilisé avec l'auxiliaire « avoir » pour former le passé composé.

3) Le participe passé composé

✓ Il se forme avec **l'auxiliaire « avoir » ou «être» au participe présent + le participe passé du verbe conjugué**.

➢ **ayant + participe passé** pour les verbes à la voix active dont le passé composé est construit avec avoir :

Elle a joué — **ayant** joué.

➢ **étant + participe passé** pour la voix passive ou pour les verbes dont le passé composé est construit avec être

Il s'est entraîné — s'**étant** entraîné.

Le participe passé des formes construites avec **étant** s'accorde en genre et en nombre avec le sujet. Si le participe composé avec **étant** se trouve dans une proposition sans sujet, cela veut dire qu'il complète le verbe principal. Le participe passé s'accorde donc en genre et en nombre avec le sujet du verbe principal :

S'étant entraîné**e** depuis plusieurs mois, elle gagna la course.

III. Le futur proche et le passé récent

⚠️ Ce sont deux temps qui ne se trouvent pas dans les tableaux de conjugaison des verbes, même si on les emploie fréquemment.

1) Le futur proche

Le futur proche, également appelé futur composé, futur immédiat ou futur périphrastique exprime une action ou un état qui se produira très probablement, dans un futur très rapproché. C'est un temps utilisé essentiellement dans le langage parlé :

Christiane **va aller** au supermarché.

✓ On forme un futur proche à partir du semi-auxiliaire **aller au présent de l'indicatif + l'infinitif du verbe**

Futur proche des verbes aller, danser, manger, partir

ALLER	DANSER	MANGER	PARTIR
Je vais aller	**Je vais** danser	**Je vais** manger	**Je vais** partir
Tu vas aller	**Tu vas** danser	**Tu vas** manger	**Tu vas** partir
Il, elle va aller	**Il, elle va** danser	**Il, elle va** manger	**Il, elle va** partir
Nous allons aller	**Nous allons** danser	**Nous allons** manger	**Nous allons** partir
Vous allez aller	**Vous allez** danser	**Vous allez** manger	**Vous allez** partir
Ils vont aller	**Ils vont** danser	**Ils vont** manger	**Ils vont** partir

2) Le passé récent

Le passé récent exprime une nuance par rapport aux autres temps du passé en situant les actions dans un temps antérieur, mais très proche :

Pierre **vient de** partir.

➢ La construction du passé récent ressemble à celle du futur proche. L'auxiliaire dont on se sert est le verbe « venir ». Contrairement au futur proche, le passé récent demande une préposition « **de** » entre l'auxiliaire et le verbe à l'infinitif.

✓ On forme un futur proche à partir du semi-auxiliaire **venir au présent de l'indicatif + de + l'infinitif** du verbe.

Exemples avec les verbes aller, danser, manger, partir

ALLER	DANSER	MANGER	PARTIR
Je viens d'aller	Je viens de danser	Je viens de manger	Je viens de partir
Tu viens d'aller	Tu viens de danser	Tu viens de manger	Tu viens de partir
Il, elle vient d'aller	Il, elle vient de danser	Il, elle vient de manger	Il, elle vient de partir
Nous venons d'aller	Nous venons de danser	Nous venons de manger	Nous venons de partir
Vous venez d'aller	Vous venez de danser	Vous venez de manger	Vous venez de partir
Ils viennent d'aller	Ils viennent de danser	Ils viennent de manger	Ils viennent de partir

IV. La conjugaison des verbes pronominaux

(voir tableau du verbe se moquer p.218 et leçon p 92)

1) La place des pronoms réfléchis

➢ Aux temps simples, on conjugue le verbe en ajoutant un pronom réfléchi de la même personne que le sujet. Le pronom réfléchi se place toujours entre le pronom personnel (sujet) et le verbe :

Je <u>me</u> promène.

➢ A l'impératif il est placé après le verbe auquel il est relié par un trait d'union :

Lave-**toi** !
Coiffez-**vous** !

➢ Aux temps composés le pronom réfléchi est placé avant l'auxiliaire être

Ils <u>**se**</u> **sont** battus.
Elles <u>**se**</u> **sont** défendues.

➢ Lorsque la première lettre du verbe est une voyelle, il y a élision des pronoms réfléchis me/te/se (le **e** s'efface et est remplacé par une apostrophe) :

Tu **t'**es promené.

➢ S'il y a négation, le **ne** se place devant le pronom réfléchi et la seconde partie de la négation derrière le verbe conjugué, entre l'auxiliaire et le participe passé dans le cas d'un temps composé :

Je **ne** me suis **pas** promené.

➢ Si le verbe est inclus dans une périphrase verbale comme dans le cas du futur proche ou du passé récent le pronom réfléchi se place juste devant l'infinitif :

Je vais **me** promener.

Exemples pour toutes les personnes du présent de l'indicatif

Personne	Exemples
1ère personne du singulier	**je me** lave
2ème personne du singulier	**tu te** laves
3ème personne du singulier	**il, elle se** lave
1ère personne du pluriel	**nous nous** lavons
2ème personne du pluriel	**vous vous** lavez
3ème personne du pluriel	**ils, elles se** lavent

Exemples pour la 1ʳᵉ personne du singulier aux temps les plus utilisés

Temps	Exemples
Présent	je me lave
Passé composé	je me suis lavé
Imparfait	je me lavais
Plus-que-parfait	je m'étais lavé
Futur proche	je vais me laver
Futur simple	je me laverai

2) L'accord du participe passé des verbes pronominaux

✓ Les verbes pronominaux construisent toujours leur passé composé avec l'auxiliaire **être**.

➤ Le participe passé s'accorde en général avec le sujet :

Nous nous sommes lev**és** très tôt.

➤ Le participe passé ne s'accorde pas lorsque le verbe est suivi d'un COD :

Elle s'est lav**é** les mains. (elle s'est lavé quoi ? → les mains)

Mais : elle s'est lav**ée**.

Remarque :

► Le participe passé des verbes pronominaux ne s'accorde jamais avec le complément d'objet indirect (COI)

Marie et Laurent se sont téléphon**é**.

Les participes passés des verbes suivants ne s'accordent donc jamais : *se téléphoner, se parler, se mentir, se plaire (complaire/déplaire), se sourire, se rire, se nuire, se succéder, se suffire, se ressembler, s'en vouloir*.

► Le participe passé des verbes essentiellement pronominaux s'accorde toujours avec le sujet :

Les papillons se sont envol**és** à mon approche.
Les papillons : masculin pluriel → participe passé + **s**

Voici une liste non exhaustive des verbes qui ne s'emploient qu'à la forme pronominale : **s'absenter, s'abstenir, s'accroupir, s'affairer, s'agenouiller, s'autoproclamer, se blottir, se démener, s'ébattre, s'écrier, s'écrouler, s'efforcer, s'emparer, s'empresser, s'enfuir, s'ensuivre, s'entraider, s'envoler, s'esclaffer, s'évader, s'évanouir, s'évertuer, s'exclamer, s'extasier, se fier, se goinfrer, s'immiscer, se marrer, se méfier, se méprendre, se morfondre, s'obstiner, se prélasser, se raviser, se rebeller, se réfugier, se réincarner, se repentir, se souvenir, se suicider, se tapir,** …

3) Les verbes pronominaux de sens réciproque

Les éléments représentés par le sujet d'un verbe pronominal réciproque exercent une action les uns sur les autres ou les uns pour les autres. **Le sujet est donc obligatoirement au pluriel.** Il est possible d'ajouter la formule l'un/l'une l'autre, les uns/les unes les autres dans la phrase :

Tania et sa sœur <u>se sont téléphoné</u> la semaine dernière.
Tania et sa sœur se sont téléphoné (l'une l'autre) la semaine dernière

Nous <u>nous battons</u> parfois mais <u>nous nous réconcilions</u> toujours.
Nous nous battons parfois (les un(e)s les autres) mais nous nous réconcilions toujours.

Parmi les verbes pronominaux de sens réciproque, on trouve : *se battre, se donner, s'entendre, s'envoyer, se lancer, se parler, se réconcilier, se rencontrer, se téléphoner…*

V.   La conjugaison des verbes à la voix passive
(voir tableau de conjugaison p.219 du verbe aimer à la voix passive)

Pour conjuguer un verbe transitif à la voix passive il suffit d'ajouter le participe passé du verbe à conjuguer à la conjugaison du verbe être au temps correspondant

Rappel : On reconnaît qu'un verbe est à la voix passive lorsqu'on peut mettre « par quelqu'un » ou « par quelque chose » après ce verbe :

Elle est aimée.

VI.   La conjugaison des verbes impersonnels
(voir tableau de conjugaison [31] du verbe pleuvoir)

Rappel : Les verbes impersonnels ne se conjuguent qu'à la 3ème personne du singulier dans les différents temps et pour les différents modes.

Le pronom neutre **il** tient la place du sujet mais ne représente aucun nom.

VII. La conjugaison interrogative

(voir le verbe aimer conjugué interrogativement p.220)

- Les verbes ne peuvent se conjuguer interrogativement qu'au mode indicatif et au mode conditionnel.
- Dans la phrase interrogative le pronom sujet est relié au verbe par un trait d'union :

Nous écrivons — Écrivons-nous ?

- Pour conjuguer un verbe si le sujet est un pronom, il suffit de placer le pronom après le verbe :

Ils mangent — Mangent-**ils** ?

- Pour les temps composés le pronom se place après l'auxiliaire :

Nous avons mangé — Avons-**nous** mangé ?

- Lorsqu'un verbe se termine par une voyelle, il faut ajouter un **-t** entre le verbe et le pronom et mettre des tirets avant et après le **-t** :

Elle a fin**i** — A-**t**-elle fini ?
Il jou**e** — joue-**t**-il ?

- Pour conjuguer un verbe à la forme interrogative, si le sujet est un nom il conserve sa place devant le verbe mais il est repris par un pronom sujet de même genre, nombre, personne :

Pierre joue au ballon — **Pierre** joue-t-**il** au ballon ?

- Lorsque le verbe se termine par un **e** muet il devient **é** devant le pronom sujet à la 1ère personne du singulier présent de l'indicatif :

Je chant**e** — chant**é**-je ?
Je dans**e** — dans**é**-je ?

⚠ A la 1ère personne du singulier de l'indicatif présent, l'inversion du sujet ne se fait pas pour les verbes des 2ème et 3ème groupe mais elle est remplacée par la locution **est-ce-que** ... ?

Je cours — ~~cours-je~~ ? — Est-ce que je cours ?

Je couds — ~~couds-je~~ ? — Est-ce que je couds ?

-Tableaux de conjugaison-

I. Liste des 52 verbes conjugués

[1] ÊTRE	[27] SAVOIR
[2] AVOIR	[28] VALOIR
[3] AIMER	[29] VOULOIR
[4] ACHETER	[30] FALLOIR
[5] APPELER	[31] PLEUVOIR
[6] CHERCHER	[32] PRENDRE
[7] ENVOYER	[33] RENDRE
[8] MANGER	[34] CRAINDRE
[9] TRAVAILLER	[35] PEINDRE
[10] TROUVER	[36] JOINDRE
[11] PAYER	[37] RÉSOUDRE
[12] FINIR	[38] COUDRE
[13] CHOISIR	[39] MOUDRE
[14] ALLER	[40] ROMPRE
[15] DORMIR	[41] VAINCRE
[16] MOURIR	[42] BATTRE
[17] PARTIR	[43] METTRE
[18] SORTIR	[44] CONNAÎTRE
[19] VENIR	[45] PLAIRE
[20] CONDUIRE	[46] BOIRE
[21] DIRE	[47] CROIRE
[22] ECRIRE	[48] FAIRE
[23] LIRE	[49] SUIVRE
[24] RIRE	[50] VIVRE
[25] DEVOIR	[51] RECEVOIR
[26] POUVOIR	[52] VOIR

II. Tableaux

1) Tableaux de conjugaison des 52 verbes

[1] ÊTRE

Être est un verbe d'état (ex. : il **est** ici) ou un auxiliaire utilisé dans la conjugaison des temps composé de certains verbes intransitifs (ex. : elle **est arrivé**)
L'auxiliaire être sert à la conjugaison de certains verbes à la voix active (arriver, partir, rester…), de tous les verbes pronominaux (ex. : elles se sont coiffées) et de tous les verbes à la voix passive (ex. : ils sont attendus par leur mère).
Le participe passé **été,** est toujours invariable.

INDICATIF		SUBJONCTIF
Présent	**Passé composé**	**Présent**
je suis	j'ai été	que je sois
tu es	tu as été	que tu sois
il/elle est	il/elle a été	qu'il/elle soit
nous sommes	nous avons été	que nous soyons
vous êtes	vous avez été	que vous soyez
ils/elles sont	ils/elles ont été	qu'ils/elles soient
Imparfait	**Plus-que-parfait**	**Imparfait**
j'étais	j'avais été	que je fusse
tu étais	tu avais été	que tu fusses
il/elle était	il/elle avait été	qu'il/elle fût
nous étions	nous avions été	que nous fussions
vous étiez	vous aviez été	que vous fussiez
ils/elles étaient	ils/elles avaient été	qu'ils/elles fussent
Passé simple	**Passé antérieur**	**Passé**
je fus	j'eus été	que j'aie été
tu fus	tu eus été	que tu aies été
il/elle fut	il/elle eut été	qu'il/elle ait été
nous fûmes	nous eûmes été	que nous ayons été
vous fûtes	vous eûtes été	que vous ayez été
ils/elles furent	ils/elles eurent été	qu'ils/elles aient été
Futur simple	**Futur antérieur**	**Plus-que-parfait**
je serai	j'aurai été	que j'eusse été
tu seras	tu auras été	que tu eusses été
il/elle sera	il/elle aura été	qu'il/elle eût été
nous serons	nous aurons été	que nous eussions été
vous serez	vous aurez été	que vous eussiez été
ils/elles seront	ils/elles auront été	qu'ils/elles eussent été
CONDITIONNEL		
Présent	**Passé 1ère forme**	**Passé 2ème forme**
je serais	j'aurais été	j'eusse été
tu serais	tu aurais été	tu eusses été
il/elle serait	il/elle aurait été	il/elle eût été
nous serions	nous aurions été	nous eussions été
vous seriez	vous auriez été	vous eussiez été
ils/elles seraient	ils/elles auraient été	ils/elles eussent été

IMPERATIF					
Présent			**Passé**		
sois	soyons	soyez	aie été	ayons été	ayez été

INFINITIF		PARTICIPE		
Présent	**Passé**	**Présent**	**Passé**	**Passé composé**
être	avoir été	étant	été	ayant été

[2] AVOIR

Avoir est un verbe transitif (ex. : ils ont deux maisons) ou un auxiliaire utilisé dans la conjugaison des temps composés (ex. : tu as mangé tous les gâteaux)
L'auxiliaire avoir sert à la conjugaison de la plupart des verbes à la voix active. C'est l'auxiliaire utilisé pour les temps composés de « avoir » (ex. : elle avait eu) et de « être » (ex. : j'avais été).

INDICATIF		SUBJONCTIF
Présent	**Passé composé**	**Présent**
j'ai	j'ai eu	que j'aie
tu as	tu as eu	que tu aies
il/elle a	il/elle a eu	qu'il/elle ait
nous avons	nous avons eu	que nous ayons
vous avez	vous avez eu	que vous ayez
ils/elles ont	ils/elles ont eu	qu'ils/elles aient
Imparfait	**Plus-que-parfait**	**Imparfait**
j'avais	j'avais eu	que j'eusse
tu avais	tu avais eu	que tu eusses
il/elle avait	il/elle avait eu	qu'il/elle eût
nous avions	nous avions eu	que nous eussions
vous aviez	vous aviez eu	que vous eussiez
ils/elles avaient	ils/elles avaient eu	qu'ils/elles eussent
Passé simple	**Passé antérieur**	**Passé**
j'eus	j'eus eu	que j'aie eu
tu eus	tu eus eu	que tu aies eu
il/elle eut	il/elle eut eu	qu'il/elle ait eu
nous eûmes	nous eûmes eu	que nous ayons eu
vous eûtes	vous eûtes eu	que vous ayez eu
ils/elles eurent	ils/elles eurent eu	qu'ils/elles aient eu
Futur simple	**Futur antérieur**	**Plus-que-parfait**
j'aurai	j'aurai eu	que j'eusse eu
tu auras	tu auras eu	que tu eusses eu
il/elle aura	il/elle aura eu	qu'il/elle eût eu
nous aurons	nous aurons eu	que nous eussions eu
vous aurez	vous aurez eu	que vous eussiez eu
ils/elles auront	ils/elles auront eu	qu'ils/elles eussent eu
CONDITIONNEL		
Présent	**Passé 1ère forme**	**Passé 2ème forme**
j'aurais	j'aurais eu	j'eusse eu
tu aurais	tu aurais eu	tu eusses eu
il/elle aurait	il/elle aurait eu	il/elle eût eu
nous aurions	nous aurions eu	nous eussions eu
vous auriez	vous auriez eu	vous eussiez eu
ils/elles auraient	ils/elles auraient eu	ils/elles eussent eu

IMPERATIF					
Présent			**Passé**		
aie	ayons	ayez	aie eu	ayons eu	ayez eu

INFINITIF		PARTICIPE		
Présent	**Passé**	**Présent**	**Passé**	**Passé composé**
avoir	avoir eu	ayant	eu(e)(s)	ayant eu

[3] AIMER-1er GROUPE

Tous les verbes du 1er groupe ont les terminaisons du verbe modèle aimer.

Le radical **-aim** est utilisé pour tous les temps simples du verbe aimer, sauf au futur simple et au présent du conditionnel, qui se construisent sur le radical **aimer**.

INDICATIF		SUBJONCTIF
Présent	**Passé composé**	**Présent**
j'aime	j'ai aimé	que j'aime
tu aimes	tu as aimé	que tu aimes
il/elle aime	il/elle a aimé	qu'il/elle aime
nous aimons	nous avons aimé	que nous aimions
vous aimez	vous avez aimé	que vous aimiez
ils/elles aiment	ils/elles ont aimé	qu'ils/elles aiment
Imparfait	**Plus-que-parfait**	**Imparfait**
j'aimais	j'avais aimé	que j'aimasse
tu aimais	tu avais aimé	que tu aimasses
il/elle aimait	il/elle avait aimé	qu'il/elle aimât
nous aimions	nous avions aimé	que nous aimassions
vous aimiez	vous aviez aimé	que vous aimassiez
ils/elles aimaient	ils/elles avaient aimé	qu'ils/elles aimassent
Passé simple	**Passé antérieur**	**Passé**
j'aimai	j'eus aimé	que j'aie aimé
tu aimas	tu eus aimé	que tu aies aimé
il/elle aima	il/elle eut aimé	qu'il/elle ait aimé
nous aimâmes	nous eûmes aimé	que nous ayons aimé
vous aimâtes	vous eûtes aimé	que vous ayez aimé
ils/elles aimèrent	ils/elles eurent aimé	qu'ils/elles aient aimé
Futur simple	**Futur antérieur**	**Plus-que-parfait**
j'aimerai	j'aurai aimé	que j'eusse aimé
tu aimeras	tu auras aimé	que tu eusses aimé
il/elle aimera	il/elle aura aimé	qu'il/elle eût aimé
nous aimerons	nous aurons aimé	que nous eussions aimé
vous aimerez	vous aurez aimé	que vous eussiez aimé
ils/elles aimeront	ils/elles auront aimé	qu'ils/elles eussent aimé
CONDITIONNEL		
Présent	**Passé 1ère forme**	**Passé 2ème forme**
j'aimerais	j'aurais aimé	j'eusse aimé
tu aimerais	tu aurais aimé	tu eusses aimé
il/elle aimerait	il/elle aurait aimé	il/elle eût aimé
nous aimerions	nous aurions aimé	nous eussions aimé
vous aimeriez	vous auriez aimé	vous eussiez aimé
ils/elles aimeraient	ils/elles auraient aimé	ils/elles eussent aimé

IMPERATIF					
Présent			**Passé**		
aime	aimons	aimez	aie aimé	ayons aimé	ayez aimé

INFINITIF		PARTICIPE		
Présent	**Passé**	**Présent**	**Passé**	**Passé composé**
aimer	avoir aimé	aimant	aimé(e)(s)	ayant aimé

[4] ACHETER - 1er GROUPE

La plupart des verbes en **-eter** doublent le **t** devant un **e** muet (ex. : je jette, vous jetterez)

Mais pour certains verbes on change le **e** qui est devant le **t** en **è** (**acheter**, **fureter**, **haleter**, …)

INDICATIF		SUBJONCTIF
Présent	**Passé composé**	**Présent**
j'achète	j'ai acheté	que j'achète
tu achètes	tu as acheté	que tu achètes
il/elle achète	il/elle a acheté	qu'il/elle achète
nous achetons	nous avons acheté	que nous achetions
vous achetez	vous avez acheté	que vous achetiez
ils/elle achètent	ils/elles ont acheté	qu'ils/elles achètent
Imparfait	**Plus-que-parfait**	**Imparfait**
j'achetais	j'avais acheté	que j'achetasse
tu achetais	tu avais acheté	que tu achetasses
il/elle achetait	il/elle avait acheté	qu'il/elle achetât
nous achetions	nous avions acheté	que nous achetassions
vous achetiez	vous aviez acheté	que vous achetassiez
ils/elles achetaient	ils/elles avaient acheté	qu'ils/elles achetassent
Passé simple	**Passé antérieur**	**Passé**
j'achetai	j'eus acheté	que j'aie acheté
tu achetas	tu eus acheté	que tu aies acheté
il/elle acheta	il/elle eut acheté	qu'il/elle ait acheté
nous achetâmes	nous eûmes acheté	que nous ayons acheté
vous achetâtes	vous eûtes acheté	que vous ayez acheté
ils/elles achetèrent	ils/elles eurent acheté	qu'ils/elles aient acheté
Futur simple	**Futur antérieur**	**Plus-que-parfait**
j'achèterai	j'aurai acheté	que j'eusse acheté
tu achèteras	tu auras acheté	que tu eusses acheté
il/elle achètera	il/elle aura acheté	qu'il/elle eût acheté
nous achèterons	nous aurons acheté	que nous eussions acheté
vous achèterez	vous aurez acheté	que vous eussiez acheté
ils/elles achèteront	ils/elles auront acheté	qu'ils/elles eussent acheté
CONDITIONNEL		
Présent	**Passé 1ère forme**	**Passé 2ème forme**
j'achèterais	j'aurais acheté	j'eusse acheté
tu achèterais	tu aurais acheté	tu eusses acheté
il/elle achèterait	il/elle aurait acheté	il/elle eût acheté
nous achèterions	nous aurions acheté	nous eussions acheté
vous achèteriez	vous auriez acheté	vous eussiez acheté
ils/elles achèteraient	ils/elles auraient acheté	ils/elles eussent acheté

IMPERATIF					
Présent			**Passé**		
achète	achetons	achetez	aie acheté	ayons acheté	ayez acheté

INFINITIF		PARTICIPE		
Présent	**Passé**	**Présent**	**Passé**	**Passé composé**
acheter	avoir acheté	achetant	acheté, achetée	ayant acheté

[5] APPELER-1ᵉʳ GROUPE

La plupart des verbes en **-eler** doublent le **l** devant un **e** muet (j'appelle, vous appellerez...)

<u>Mais</u> quelques verbes en **-eler** ne doublent pas le **l** et changent le **e** qui précède le **l** en **è**. Ce sont les verbes **celer**, **geler ciseler**, **démanteler**, **écarteler**, **marteler**, **modele**r, **peler** et les verbes de leur famille. (exemples : je gèle, ils écartèlent, vous pèlerez...)

INDICATIF		SUBJONCTIF
Présent	**Passé composé**	**Présent**
j'appelle	j'ai appelé	que j'appelle
tu appelles	tu as appelé	que tu appelles
il/elle appelle	il/elle a appelé	qu'il/elle appelle
nous appelons	nous avons appelé	que nous appelions
vous appelez	vous avez appelé	que vous appeliez
ils/elles appellent	ils/elles ont appelé	qu'ils/elles appellent
Imparfait	**Plus-que-parfait**	**Imparfait**
j'appelais	j'avais appelé	que j'appelasse
tu appelais	tu avais appelé	que tu appelasses
il/elle appelait	il/elle avait appelé	qu'il/elle appelât
nous appelions	nous avions appelé	que nous appelassions
vous appeliez	vous aviez appelé	que vous appelassiez
ils/elles appelaient	ils/elles avaient appelé	qu'ils/elles appelassent
Passé simple	**Passé antérieur**	**Passé**
j'appelai	j'eus appelé	que j'aie appelé
tu appelas	tu eus appelé	que tu aies appelé
il/elle appela	il/elle eut appelé	qu'il/elle ait appelé
nous appelâmes	nous eûmes appelé	que nous ayons appelé
vous appelâtes	vous eûtes appelé	que vous ayez appelé
ils/elles appelèrent	ils/elles eurent appelé	qu'ils/elles aient appelé
Futur simple	**Futur antérieur**	**Plus-que-parfait**
j'appellerai	j'aurai appelé	que j'eusse appelé
tu appelleras	tu auras appelé	que tu eusses appelé
il/elle appellera	il/elle aura appelé	qu'il/elle eût appelé
nous appellerons	nous aurons appelé	que nous eussions appelé
vous appellerez	vous aurez appelé	que vous eussiez appelé
ils/elles appelleront	ils/elles auront appelé	qu'ils/elles eussent appelé
CONDITIONNEL		
Présent	**Passé 1ʳᵉ forme**	**Passé 2ᵉᵐᵉ forme**
j'appellerais	j'aurais appelé	j'eusse appelé
tu appellerais	tu aurais appelé	tu eusses appelé
il/elle appellerait	il/elle aurait appelé	il/elle eût appelé
nous appellerions	nous aurions appelé	nous eussions appelé
vous appelleriez	vous auriez appelé	vous eussiez appelé
ils/elles appelleraient	ils/elles auraient appelé	ils/elles eussent appelé

IMPERATIF					
Présent			**Passé**		
appelle	appelons	appelez	aie appelé	ayons appelé	ayez appelé

INFINITIF		PARTICIPE		
Présent	**Passé**	**Présent**	**Passé**	**Passé composé**
appeler	avoir appelé	appelant	appelé(e)(s)	ayant appelé

[6] CHERCHER - 1er GROUPE

C'est un verbe tout à fait régulier.

INDICATIF		SUBJONCTIF
Présent	**Passé composé**	**Présent**
je cherche	j'ai cherché	que je cherche
tu cherches	tu as cherché	que tu cherches
il/elle cherche	il/elle a cherché	qu'il/elle cherche
nous cherchons	nous avons cherché	que nous cherchions
vous cherchez	vous avez cherché	que vous cherchiez
ils/elles cherchent	ils/elles ont cherché	qu'ils/elles cherchent
Imparfait	**Plus-que-parfait**	**Imparfait**
je cherchais	j'avais cherché	que je cherchasse
tu cherchais	tu avais cherché	que tu cherchasses
il/elle cherchait	il/elle avait cherché	qu'il/elle cherchât
nous cherchions	nous avions cherché	que nous cherchassions
vous cherchiez	vous aviez cherché	que vous cherchassiez
ils/elles cherchaient	ils/elles avaient cherché	qu'ils/elles cherchassent
Passé simple	**Passé antérieur**	**Passé**
je cherchai	j'eus cherché	que j'aie cherché
tu cherchas	tu eus cherché	que tu aies cherché
il/elle chercha	il/elle eut cherché	qu'il/elle ait cherché
nous cherchâmes	nous eûmes cherché	que nous ayons cherché
vous cherchâtes	vous eûtes cherché	que vous ayez cherché
ils/elles cherchèrent	ils/elles eurent cherché	qu'ils/elles aient cherché
Futur simple	**Futur antérieur**	**Plus-que-parfait**
je chercherai	j'aurai cherché	que j'eusse cherché
tu chercheras	tu auras cherché	que tu eusses cherché
il/elle cherchera	il/elle aura cherché	qu'il/elle eût cherché
nous chercherons	nous aurons cherché	que nous eussions cherché
vous chercherez	vous aurez cherché	que vous eussiez cherché
ils/elles chercheront	ils/elles auront cherché	qu'ils/elles eussent
CONDITIONNEL		
Présent	**Passé 1ère forme**	**Passé 2ème forme**
je chercherais	j'aurais cherché	j'eusse cherché
tu chercherais	tu aurais cherché	tu eusses cherché
il/elle chercherait	il/elle aurait cherché	il/elle eût cherché
nous chercherions	nous aurions cherché	nous eussions cherché
vous chercheriez	vous auriez cherché	vous eussiez cherché
ils/elles chercheraient	ils/elles auraient cherché	ils/elles eussent

IMPERATIF					
Présent			**Passé**		
cherche	cherchons	cherchez	aie cherché	ayons cherché	ayez cherché

INFINITIF		PARTICIPE		
Présent	**Passé**	**Présent**	**Passé**	**Passé composé**
chercher	avoir cherché	cherchant	cherché(e)(s)	ayant cherché

[7] ENVOYER - 1ᵉʳ GROUPE

Envoyer et **renvoyer** sont irréguliers au futur simple et au présent du conditionnel. Les terminaisons s'ajoutent non pas au radical de l'infinitif mais à un autre radical : |**enverr**| et |**renverr**|.

Les verbes en **-oyer** changent le **y** de l'infinitif en **i** devant un **e** muet. Dans ce cas, le son **[j]** ne se fait pas entendre. (ex. : j'emploierai, ils envoient)

Il ne faut pas oublier le **i** de la terminaison qui suit le **y** du radical aux deux premières personnes du pluriel à l'imparfait de l'indicatif et au présent du subjonctif (exemples : nous envo**yi**ons, vous envo**yi**ez)

INDICATIF		SUBJONCTIF
Présent	**Passé composé**	**Présent**
j'envoie	j'ai envoyé	que j'envoie
tu envoies	tu as envoyé	que tu envoies
il/elle envoie	il/elle a envoyé	qu'il/elle envoie
nous envoyons	nous avons envoyé	que nous envoyions
vous envoyez	vous avez envoyé	que vous envoyiez
ils/elles envoient	ils/elles ont envoyé	qu'ils/elles envoient
Imparfait	**Plus-que-parfait**	**Imparfait**
j'envoyais	j'avais envoyé	que j'envoyasse
tu envoyais	tu avais envoyé	que tu envoyasses
il/elle envoyait	il/elle avait envoyé	qu'il/elle envoyât
nous envoyions	nous avions envoyé	que nous envoyassions
vous envoyiez	vous aviez envoyé	que vous envoyassiez
ils/elles envoyaient	ils/elles avaient envoyé	qu'ils/elles envoyassent
Passé simple	**Passé antérieur**	**Passé**
j'envoyai	j'eus envoyé	que j'aie envoyé
tu envoyas	tu eus envoyé	que tu aies envoyé
il/elle envoya	il/elle eut envoyé	qu'il/elle ait envoyé
nous envoyâmes	nous eûmes envoyé	que nous ayons envoyé
vous envoyâtes	vous eûtes envoyé	que vous ayez envoyé
ils/elles envoyèrent	ils/elles eurent envoyé	qu'ils/elles aient envoyé
Futur simple	**Futur antérieur**	**Plus-que-parfait**
j'enverrai	j'aurai envoyé	que j'eusse envoyé
tu enverras	tu auras envoyé	que tu eusses envoyé
il/elle **enverra**	il/elle aura envoyé	qu'il/elle eût envoyé
nous **enverrons**	nous aurons envoyé	que nous eussions envoyé
vous **enverrez**	vous aurez envoyé	que vous eussiez envoyé
ils/elles **enverront**	ils/elles auront envoyé	qu'ils/elles eussent envoyé

CONDITIONNEL		
Présent	**Passé 1ʳᵉ forme**	**Passé 2ᵉᵐᵉ forme**
j'**enverrais**	j'aurais envoyé	j'eusse envoyé
tu **enverrais**	tu aurais envoyé	tu eusses envoyé
il/elle **enverrait**	il/elle aurait envoyé	il/elle eût envoyé
nous **enverrions**	nous aurions envoyé	nous eussions envoyé
vous **enverriez**	vous auriez envoyé	vous eussiez envoyé
ils/elles **enverraient**	ils/elles auraient envoyé	ils/elles eussent envoyé

IMPERATIF					
Présent			**Passé**		
envoie	envoyons	envoyez	aie envoyé	ayez envoyé	ayons envoyé

INFINITIF		PARTICIPE		
Présent	**Passé**	**Présent**	**Passé**	**Passé composé**
envoyer	avoir envoyé	envoyant	envoyé(e)(s)	ayant envoyé

[8] MANGER - 1er GROUPE

Les verbes en **-ger** sont des verbes réguliers mais pour que **g** garde le son **[ʒ]**, il faut mettre un **e** muet devant le **a** et le **o** des terminaisons.

INDICATIF		SUBJONCTIF
Présent	**Passé composé**	**Présent**
je mange tu manges il/elle mange nous mangeons vous mangez ils/elles mangent	j'ai mangé tu as mangé il/elle a mangé nous avons mangé vous avez mangé ils/elles ont mangé	que je mange que tu manges qu'il/elle mange que nous mangions que vous mangiez qu'ils/elles mangent
Imparfait	**Plus-que-parfait**	**Imparfait**
je mangeais tu mangeais il/elle mangeait nous mangions vous mangiez ils/elles mangeaient	j'avais mangé tu avais mangé il/elle avait mangé nous avions mangé vous aviez mangé ils/elles avaient mangé	que je mangeasse que tu mangeasses qu'il/elle mangeât que nous mangeassions que vous mangeassiez qu'ils/elles mangeassent
Passé simple	**Passé antérieur**	**Passé**
je mangeai tu mangeas il/elle mangea nous mangeâmes vous mangeâtes ils/elles mangèrent	j'eus mangé tu eus mangé il/elle eut mangé nous eûmes mangé vous eûtes mangé ils/elles eurent mangé	que j'aie mangé que tu aies mangé qu'il/elle ait mangé que nous ayons mangé que vous ayez mangé qu'ils/elles aient mangé
Futur simple	**Futur antérieur**	**Plus-que-parfait**
je mangerai tu mangeras il/elle mangera nous mangerons vous mangerez ils/elles mangeront	j'aurai mangé tu auras mangé il/elle aura mangé nous aurons mangé vous aurez mangé ils/elles auront mangé	que j'eusse mangé que tu eusses mangé qu'il/elle eût mangé que nous eussions mangé que vous eussiez mangé qu'ils/elles eussent mangé
CONDITIONNEL		
Présent	**Passé 1ère forme**	**Passé 2ème forme**
je mangerais tu mangerais il/elle mangerait nous mangerions vous mangeriez ils/elles mangeraient	j'aurais mangé tu aurais mangé il/elle aurait mangé nous aurions mangé vous auriez mangé ils/elles auraient mangé	j'eusse mangé tu eusses mangé il/elle eût mangé nous eussions mangé vous eussiez mangé ils/elles eussent mangé

IMPERATIF					
Présent			**Passé**		
mange	mangeons	mangez	aie mangé	ayons mangé	ayez mangé

INFINITIF		PARTICIPE		
Présent	**Passé**	**Présent**	**Passé**	**Passé composé**
manger	avoir mangé	mangeant	mangé(e)(s)	ayant mangé

[9] TRAVAILLER - 1er GROUPE

C'est un verbe tout à fait régulier.

INDICATIF		SUBJONCTIF
Présent	**Passé composé**	**Présent**
je travaille	j'ai travaillé	que je travaille
tu travailles	tu as travaillé	que tu travailles
il/elle travaille	il/elle a travaillé	qu'il/elle travaille
nous travaillons	nous avons travaillé	que nous travaillions
vous travaillez	vous avez travaillé	que vous travailliez
ils/elles travaillent	ils/elles ont travaillé	qu'ils/elles travaillent
Imparfait	**Plus-que-parfait**	**Imparfait**
je travaillais	j'avais travaillé	que je travaillasse
tu travaillais	tu avais travaillé	que tu travaillasses
il/elle travaillait	il/elle avait travaillé	qu'il/elle travaillât
nous travaillions	nous avions travaillé	que nous travaillassions
vous travailliez	vous aviez travaillé	que vous travaillassiez
ils/elles travaillaient	ils/elles avaient travaillé	qu'ils/elles travaillassent
Passé simple	**Passé antérieur**	**Passé**
je travaillai	j'eus travaillé	que j'aie travaillé
tu travaillas	tu eus travaillé	que tu aies travaillé
il/elle travailla	il/elle eut travaillé	qu'il/elle ait travaillé
nous travaillâmes	nous eûmes travaillé	que nous ayons travaillé
vous travaillâtes	vous eûtes travaillé	que vous ayez travaillé
ils/elles travaillèrent	ils/elles eurent travaillé	qu'ils/elles aient travaillé
Futur simple	**Futur antérieur**	**Plus-que-parfait**
je travaillerai	j'aurai travaillé	que j'eusse travaillé
tu travailleras	tu auras travaillé	que tu eusses travaillé
il/elle travaillera	il/elle aura travaillé	qu'il/elle eût travaillé
nous travaillerons	nous aurons travaillé	que nous eussions travaillé
vous travaillerez	vous aurez travaillé	que vous eussiez travaillé
ils/elles travailleront	ils/elles auront travaillé	qu'ils/elles eussent travaillé
CONDITIONNEL		
Présent	**Passé 1ère forme**	**Passé 2ème forme**
je travaillerais	j'aurais travaillé	j'eusse travaillé
tu travaillerais	tu aurais travaillé	tu eusses travaillé
il/elle travaillerait	il/elle aurait travaillé	il/elle eût travaillé
nous travaillerions	nous aurions travaillé	nous eussions travaillé
vous travailleriez	vous auriez travaillé	vous eussiez travaillé
ils/elles travailleraient	ils/elles auraient travaillé	ils/elles eussent travaillé

IMPERATIF					
Présent			**Passé**		
travaille	travaillons	travaillez	aie travaillé	ayons travaillé	ayez travaillé

INFINITIF		PARTICIPE		
Présent	**Passé**	**Présent**	**Passé**	**Passé composé**
travailler	avoir travaillé	travaillant	travaillé(e)(s)	ayant travaillé

[10] TROUVER-1er GROUPE

C'est un verbe tout à fait régulier.

INDICATIF		SUBJONCTIF
Présent	**Passé composé**	**Présent**
Je trouve	j'ai trouvé	que je trouve
tu trouves	tu as trouvé	que tu trouves
il/elle trouve	il/elle a trouvé	qu'il/elle trouve
nous trouvons	nous avons trouvé	que nous trouvions
vous trouvez	vous avez trouvé	que vous trouviez
ils/elles trouvent	ils/elles ont trouvé	qu'ils/elles trouvent
Imparfait	**Plus-que-parfait**	**Imparfait**
je trouvais	j'avais trouvé	que je trouvasse
tu trouvais	tu avais trouvé	que tu trouvasses
il/elle trouvait	il/elle avait trouvé	qu'il/elle trouvât
nous trouvions	nous avions trouvé	que nous trouvassions
vous trouviez	vous aviez trouvé	que vous trouvassiez
ils/elles trouvaient	ils/elles avaient trouvé	qu'ils/elles trouvassent
Passé simple	**Passé antérieur**	**Passé**
je trouvai	j'eus trouvé	que j'aie trouvé
tu trouvas	tu eus trouvé	que tu aies trouvé
il/elle trouva	il/elle eut trouvé	qu'il/elle ait trouvé
nous trouvâmes	nous eûmes trouvé	que nous ayons trouvé
vous trouvâtes	vous eûtes trouvé	que vous ayez trouvé
ils/elles trouvèrent	ils/elles eurent trouvé	qu'ils/elles aient trouvé
Futur simple	**Futur antérieur**	**Plus-que-parfait**
je trouverai	j'aurai trouvé	que j'eusse trouvé
tu trouveras	tu auras trouvé	que tu eusses trouvé
il/elle trouvera	il/elle aura trouvé	qu'il/elle eût trouvé
nous trouverons	nous aurons trouvé	que nous eussions trouvé
vous trouverez	vous aurez trouvé	que vous eussiez trouvé
ils/elles trouveront	ils/elles auront trouvé	qu'ils/elles eussent trouvé
CONDITIONNEL		
Présent	**Passé 1ère forme**	**Passé 2ème forme**
je trouverais	j'aurais trouvé	j'eusse trouvé
tu trouverais	tu aurais trouvé	tu eusses trouvé
il/elle trouverait	il/elle aurait trouvé	il/elle eût trouvé
nous trouverions	nous aurions trouvé	nous eussions trouvé
vous trouveriez	vous auriez trouvé	vous eussiez trouvé
ils/elles trouveraient	ils/elles auraient trouvé	ils/elles eussent trouvé

IMPERATIF					
Présent			**Passé**		
trouve	trouvons	trouvez	aie trouvé	ayons trouvé	ayez trouvé

INFINITIF		PARTICIPE		
Présent	**Passé**	**Présent**	**Passé**	**Passé composé**
trouver	avoir trouvé	trouvant	trouvé(e)(s)	ayant trouvé

[11] PAYER - 1ᵉʳ GROUPE

Les verbes en **-ayer** changent le **y** de l'infinitif en **i** devant un **e** muet. Dans ce cas, le son [j] ne se fait pas entendre. (ex. : je paie, ils paient, tu paieras) cependant il n'est pas faux de conserver le y dans toute la conjugaison (ex. : je paye, tu balayes) même s'il est préférable d'aligner la conjugaison de tous les verbes en **-yer** sur le même modèle. Tous les verbes en **-ayer** ont la même conjugaison que payer (**balayer, bégayer, déblayer, effrayer, essayer, rayer, monnayer,** …)

INDICATIF		SUBJONCTIF
Présent	**Passé composé**	**Présent**
je paie	j'ai payé	que je paie
tu paies	tu as payé	que tu paies
il/elle paie	il/elle a payé	qu'il/elle paie
nous payons	nous avons payé	que nous payions
vous payez	vous avez payé	que vous payiez
ils/elles paient	ils/elles ont payé	qu'ils/elles paient
Imparfait	**Plus-que-parfait**	**Imparfait**
je payais	j'avais payé	que je payasse
tu payais	tu avais payé	que tu payasses
il/elle payait	il/elle avait payé	qu'il/elle payât
nous payions	nous avions payé	que nous payassions
vous payiez	vous aviez payé	que vous payassiez
ils/elles payaient	ils/elles avaient payé	qu'ils/elles payassent
Passé simple	**Passé antérieur**	**Passé**
je payai	j'eus payé	que j'aie payé
tu payas	tu eus payé	que tu aies payé
il/elle paya	il/elle eut payé	qu'il/elle ait payé
nous payâmes	nous eûmes payé	que nous ayons payé
vous payâtes	vous eûtes payé	que vous ayez payé
ils/elles payèrent	ils/elles eurent payé	qu'ils/elles aient payé
Futur simple	**Futur antérieur**	**Plus-que-parfait**
je paierai	j'aurai payé	que j'eusse payé
tu paieras	tu auras payé	que tu eusses payé
il/elle paiera	il/elle aura payé	qu'il/elle eût payé
nous paierons	nous aurons payé	que nous eussions payé
vous paierez	vous aurez payé	que vous eussiez payé
ils/elles paieront	ils/elles auront payé	qu'ils/elles eussent payé
CONDITIONNEL		
Présent	**Passé 1ʳᵉ forme**	**Passé 2ᵉᵐᵉ forme**
je paierais	j'aurais payé	j'eusse payé
tu paierais	tu aurais payé	tu eusses payé
il/elle paierait	il/elle aurait payé	il/elle eût payé
nous paierions	nous aurions payé	nous eussions payé
vous paieriez	vous auriez payé	vous eussiez payé
ils/elles paieraient	ils/elles auraient payé	ils/elles eussent payé

IMPERATIF					
Présent			**Passé**		
paie	payons	payez	aie payé	ayons payé	ayez payé

INFINITIF		PARTICIPE		
Présent	**Passé**	**Présent**	**Passé**	**Passé composé**
payer	avoir payé	payant	payé(e)(s)	ayant payé

[12] FINIR - 2ème GROUPE

Tous les verbes du 2ème groupe ont les mêmes terminaisons que le verbe modèle finir.
On intercale **-iss** entre le radical et la terminaison pour certaines formes (ex. : que tu finisses, nous finissons, ...)
Liste non exhaustive des verbes du 2ème groupe : **applaudir, approfondir, bâtir, blêmir, chérir, déguerpir, dépérir, emboutir, engloutir, établir, fournir, grossir, intervertir, investir, maigrir, punir, réagir, saisir, réussir, réunir,**
Bien que finissant par « ire », **bruire** et **maudire** se conjuguent comme **finir** mais le participe passé de **maudire** s'écrit avec un **t** : maudi**t** et bruire ne s'emploie qu'à la 3ème personne (il bruit, ils bruissent).

INDICATIF		SUBJONCTIF
Présent	**Passé composé**	**Présent**
je finis	j' ai fini	que je finisse
tu finis	tu as fini	que tu finisses
il/elle finit	il/elle a fini	qu'il/elle finisse
nous finissons	nous avons fini	que nous finissions
vous finissez	vous avez fini	que vous finissiez
ils/elles finissent	ils/elles ont fini	qu'ils/elles finissent
Imparfait	**Plus-que-parfait**	**Imparfait**
je finissais	j'avais fini	que je finisse
tu finissais	tu avais fini	que tu finisses
il/elle finissait	il/elle avait fini	qu'il/elle finît
nous finissions	nous avions fini	que nous finissions
vous finissiez	vous aviez fini	que vous finissiez
ils/elles finissaient	ils/elles avaient fini	qu'ils/elles finissent
Passé simple	**Passé antérieur**	**Passé**
je finis	j' eus fini	que j'aie fini
tu finis	tu eus fini	que tu aies fini
il/elle finit	il/elle eut fini	qu'il/elle ait fini
nous finîmes	nous eûmes fini	que nous ayons fini
vous finîtes	vous eûtes fini	que vous ayez fini
ils/elles finirent	ils/elles eurent fini	qu'ils/elles aient fini
Futur simple	**Futur antérieur**	**Plus-que-parfait**
je finirai	j' aurai fini	que j'eusse fini
tu finiras	tu auras fini	que tu eusses fini
il/elle finira	il/elle aura fini	qu'il/elle eût fini
nous finirons	nous aurons fini	que nous eussions fini
vous finirez	vous aurez fini	que vous eussiez fini
ils/elles finiront	ils/elles auront fini	qu'ils/elles eussent fini
CONDITIONNEL		
Présent	**Passé 1ère forme**	**Passé 2ème forme**
je finirais	j'aurais fini	j'eusse fini
tu finirais	tu aurais fini	tu eusses fini
il/elle finirait	il/elle aurait fini	il/elle eût fini
nous finirions	nous aurions fini	nous eussions fini
vous finiriez	vous auriez fini	vous eussiez fini
ils/elles finiraient	ils/elles auraient fini	ils/elles eussent fini

IMPERATIF					
Présent			**Passé**		
finis	finissons	finissez	aie fini	ayons fini	ayez fini

INFINITIF		PARTICIPE		
Présent	**Passé**	**Présent**	**Passé**	**Passé composé**
finir	avoir fini	finissant	fini(e)(s)	ayant fini

[13] CHOISIR - 2ème GROUPE

Même terminaison que le verbe modèle **finir**.

INDICATIF		SUBJONCTIF
Présent	**Passé composé**	**Présent**
je choisis	j'ai choisi	que je choisisse
tu choisis	tu as choisi	que tu choisisses
il/elle choisit	il/elle a choisi	qu'il/elle choisisse
nous choisissons	nous avons choisi	que nous choisissions
vous choisissez	vous avez choisi	que vous choisissiez
ils/elles choisissent	ils/elles ont choisi	qu'ils/elles choisissent
Imparfait	**Plus-que-parfait**	**Imparfait**
je choisissais	j'avais choisi	que je choisisse
tu choisissais	tu avais choisi	que tu choisisses
il/elle choisissait	il/elle avait choisi	qu'il/elle choisît
nous choisissions	nous avions choisi	que nous choisissions
vous choisissiez	vous aviez choisi	que vous choisissiez
ils/elles choisissaient	ils/elles avaient choisi	qu'ils/elles choisissent
Passé simple	**Passé antérieur**	**Passé**
je choisis	j'eus choisi	que j'aie choisi
tu choisis	tu eus choisi	que tu aies choisi
il/elle choisit	il/elle eut choisi	qu'il/elle ait choisi
nous choisîmes	nous eûmes choisi	que nous ayons choisi
vous choisîtes	vous eûtes choisi	que vous ayez choisi
ils/elles choisirent	ils/elles eurent choisi	qu'ils/elles aient choisi
Futur simple	**Futur antérieur**	**Plus-que-parfait**
je choisirai	j'aurai choisi	que j'eusse choisi
tu choisiras	tu auras choisi	que tu eusses choisi
il/elle choisira	il/elle aura choisi	qu'il/elle eût choisi
nous choisirons	nous aurons choisi	que nous eussions choisi
vous choisirez	vous aurez choisi	que vous eussiez choisi
ils/elles choisiront	ils/elles auront choisi	qu'ils/elles eussent choisi

CONDITIONNEL		
Présent	**Passé 1ère forme**	**Passé 2ème forme**
Je choisirais	j'aurais choisi	j'eusse choisi
tu choisirais	tu aurais choisi	tu eusses choisi
il/elle choisirait	il/elle aurait choisi	il/elle eût choisi
nous choisirions	nous aurions choisi	nous eussions choisi
vous choisiriez	vous auriez choisi	vous eussiez choisi
ils/elles choisiraient	ils/elles auraient choisi	ils/elles eussent choisi

IMPERATIF					
Présent			**Passé**		
choisis	choisissons	choisissez	aie choisi	ayez choisi	ayons choisi

INFINITIF		PARTICIPE		
Présent	**Passé**	**Présent**	**Passé**	**Passé composé**
choisir	avoir choisi	choisissant	choisi(e)(s)	ayant choisi

[14] ALLER-3ème GROUPE

L'impératif singulier s'écrit sans **-s** (va) sauf si le verbe est suivi du pronom complément **y** (va**s-y**).
S'en aller se conjugue comme **aller**.
Il faut noter que la 2ème personne du singulier de l'impératif présent a une élision du pronom réfléchi : va-**t**'en

INDICATIF		SUBJONCTIF
Présent	**Passé composé**	**Présent**
je vais	je suis allé(e)	que j'aille
tu vas	tu es allé(e)	que tu ailles
il/elle va	il/elle est allé(e)	qu'il/elle aille
nous allons	nous sommes allé(e)s	que nous allions
vous allez	vous êtes allé(e)(s)	que vous alliez
ils/elles vont	ils/elles sont allé(e)s	qu'ils/elles aillent
Imparfait	**Plus-que-parfait**	**Imparfait**
j'allais	j'étais allé(e)	que j'allasse
tu allais	tu étais allé(e)	que tu allasses
il/elle allait	il/elle était allé(e)	qu'il/elle allât
nous allions	nous étions allé(e)s	que nous allassions
vous alliez	vous étiez allé(e)(s)	que vous allassiez
ils/elles allaient	ils/elles étaient allé(e)s	qu'ils/elles allassent
Passé simple	**Passé antérieur**	**Passé**
j'allai	je fus allé(e)	que je sois allé(e)
tu allas	tu fus allé(e)	que tu sois allé(e)
il/elle alla	il/elle fut allé(e)	qu'il/elle soit allé(e)
nous allâmes	nous fûmes allé(e)s	que nous soyons allé(e)s
vous allâtes	vous fûtes allé(e)(s)	que vous soyez allé(e)(s)
ils/elles allèrent	ils/elles furent allé(e)s	qu'ils/elles soient allé(e)s
Futur simple	**Futur antérieur**	**Plus-que-parfait**
j'irai	je serai allé(e)	que je fusse allé(e)
tu iras	tu seras allé(e)	que tu fusses allé(e)
il/elle ira	il/elle sera allé(e)	qu'il/elle fût allé(e)
nous irons	nous serons allé(e)s	que nous fussions allé(e)s
vous irez	vous serez allé(e)(s)	que vous fussiez allé(e)(s)
ils/elles iront	ils/elles seront allé(e)s	qu'ils/elles fussent allé(e)s

CONDITIONNEL		
Présent	**Passé 1ère forme**	**Passé 2ème forme**
j'irais	je serais allé(e)	je fusse allé(e)
tu irais	tu serais allé(e)	tu fusses allé(e)
il/elle irait	il/elle serait allé(e)	il/elle fût allé(e)
nous irions	nous serions allé(e)s	nous fussions allé(e)s
vous iriez	vous seriez allé(e)(s)	vous fussiez allé(e)(s)
ils/elles iraient	ils/elles seraient allé(e)s	ils/elles fussent allé(e)s

IMPERATIF					
Présent			**Passé**		
va	allons	allez	sois allé(e)	soyons allé(e)s	soyez allé(e)s

INFINITIF		PARTICIPE		
Présent	**Passé**	**Présent**	**Passé**	**Passé composé**
aller	être allé	allant	allé(e)(s)	étant allé

[15] DORMIR -3ème GROUPE

Les verbes qui se conjuguent comme **dormir** (**fuir, mentir, partir, sentir, servir, sortir, …**) perdent la consonne finale du radical de l'infinitif aux personnes du singulier du présent de l'indicatif et de l'impératif : **je dors, tu dors, il dort, dors**. Cette consonne est présente à toutes les autres formes.
Le participe « dormi » est invariable, mais les autres participes s'accordent (parties, assaillies, …)

INDICATIF		SUBJONCTIF
Présent	**Passé composé**	**Présent**
je dors	j'ai dormi	que je dorme
tu dors	tu as dormi	que tu dormes
il/elle dort	il/elle a dormi	qu'il/elle dorme
nous dormons	nous avons dormi	que nous dormions
vous dormez	vous avez dormi	que vous dormiez
ils/elles dorment	ils/elles ont dormi	qu'ils/elles dorment
Imparfait	**Plus-que-parfait**	**Imparfait**
je dormais	j'avais dormi	que je dormisse
tu dormais	tu avais dormi	que tu dormisses
il/elle dormait	il/elle avait dormi	qu'il/elle dormît
nous dormions	nous avions dormi	que nous dormissions
vous dormiez	vous aviez dormi	que vous dormissiez
ils/elles dormaient	ils/elles avaient dormi	qu'ils/elles dormissent
Passé simple	**Passé antérieur**	**Passé**
je dormis	j'eus dormi	que j'aie dormi
tu dormis	tu eus dormi	que tu aies dormi
il/elle dormit	il/elle eut dormi	qu'il/elle/on ait dormi
nous dormîmes	nous eûmes dormi	que nous ayons dormi
vous dormîtes	vous eûtes dormi	que vous ayez dormi
ils/elles dormirent	ils/elles eurent dormi	qu'ils/elles aient dormi
Futur simple	**Futur antérieur**	**Plus-que-parfait**
je dormirai	j'aurai dormi	que j'eusse dormi
tu dormiras	tu auras dormi	que tu eusses dormi
il/elle dormira	il/elle/on aura dormi	qu'il/elle eût dormi
nous dormirons	nous aurons dormi	que nous eussions dormi
vous dormirez	vous aurez dormi	que vous eussiez dormi
ils/elles dormiront	ils/elles auront dormi	qu'ils/elles eussent dormi
CONDITIONNEL		
Présent	**Passé 1ère forme**	**Passé 2ème forme**
je dormirais	j'aurais dormi	j'eusse dormi
tu dormirais	tu aurais dormi	tu eusses dormi
il/elle dormirait	il/elle aurait dormi	il/elle eût dormi
nous dormirions	nous aurions dormi	nous eussions dormi
vous dormiriez	vous auriez dormi	vous eussiez dormi
ils/elles dormiraient	ils/elles auraient dormi	ils/elles eussent dormi

IMPERATIF					
Présent			**Passé**		
dors	dormons	dormez	aie dormi	ayons dormi	ayez dormi

INFINITIF		PARTICIPE		
Présent	**Passé**	**Présent**	**Passé**	**Passé composé**
dormir	avoir dormi	dormant	dormi	ayant dormi

[16] MOURIR - 3ème GROUPE

Le verbe mourir forme son futur simple et son présent du conditionnel sur le radical **mourr-**, et non sur celui de l'infinitif
(Ex. : je mourrais, il mourra).
Aux formes composés, il s'emploie toujours avec l'auxiliaire **être**. Son participe passé : **mort**.

INDICATIF		SUBJONCTIF	
Présent	**Passé composé**	**Présent**	
je meurs	je suis mort(e)	que je meure	
tu meurs	tu es mort(e)	que tu meures	
il/elle meurt	il/elle est mort(e)	qu'il/elle meure	
nous mourons	nous sommes mort(e)s	que nous mourions	
vous mourez	vous êtes mort(e)(s)	que vous mouriez	
ils/elles meurent	ils/elles sont mort(e)s	qu'ils/elles meurent	
Imparfait	**Plus-que-parfait**	**Imparfait**	
je mourais	j'étais mort(e)	que je mourusse	
tu mourais	tu étais mort(e)	que tu mourusses	
il/elle mourait	il/elle était mort(e)	qu'il/elle mourût	
nous mourions	nous étions mort(e)s	que nous mourussions	
vous mouriez	vous étiez mort(e)(s)	que vous mourussiez	
ils/elles mouraient	ils/elles étaient mort(e)s	qu'ils/elles mourussent	
Passé simple	**Passé antérieur**	**Passé**	
je mourus	je fus mort(e)	que je sois mort(e)	
tu mourus	tu fus mort(e)	que tu sois mort(e)	
il/elle mourut	il/elle fut mort(e)	qu'il/elle soit mort(e)	
nous mourûmes	nous fûmes mort(e)s	que nous soyons mort(e)s	
vous mourûtes	vous fûtes mort(e)(s)	que vous soyez mort(e)(s)	
ils/elles moururent	ils/elles furent mort(e)s	qu'ils/elles soient mort(e)s	
Futur simple	**Futur antérieur**	**Plus-que-parfait**	
je **mourrai**	je serai mort(e)	que je fusse mort(e)	
tu **mourras**	tu seras mort(e)	que tu fusses mort(e)	
il/elle **mourra**	il/elle sera mort(e)	qu'il/elle fût mort(e)	
nous **mourrons**	nous serons mort(e)s	que nous fussions mort(e)s	
vous **mourrez**	vous serez mort(e)(s)	que vous fussiez mort(e)(s)	
ils/elles **mourront**	ils/elles seront mort(e)s	qu'ils/elles fussent mort(e)s	
CONDITIONNEL			
Présent	**Passé 1ère forme**	**Passé 2ème forme**	
je **mourrais**	je serais mort(e)	je fusse mort(e)	
tu **mourrais**	tu serais mort(e)	tu fusses mort(e)	
il/elle **mourrait**	il/elle serait mort(e)	il/elle fût mort(e)	
nous **mourrions**	nous serions mort(e)s	nous fussions mort(e)s	
vous **mourriez**	vous seriez mort(e)(s)	vous fussiez mort(e)(s)	
ils/elles **mourraient**	ils/elles seraient mort(e)s	ils/elles fussent mort(e)s	

IMPERATIF					
Présent			**Passé**		
meurs	mourons	mourez	sois mort(e)	soyez mort(e)s	soyons mort(e)s

INFINITIF		PARTICIPE		
Présent	**Passé**	**Présent**	**Passé**	**Passé composé**
mourir	être mort	mourant	mort(e)(s)	étant **mort**

[17] PARTIR-3ème GROUPE

INDICATIF		SUBJONCTIF	
Présent	**Passé composé**	**Présent**	
je pars	je suis parti(e)	que je parte	
tu pars	tu es parti(e)	que tu partes	
il/elle part	il/elle est parti(e)	qu'il/elle parte	
nous partons	nous sommes parti(e)s	que nous partions	
vous partez	vous êtes parti(e)(s)	que vous partiez	
ils/elles partent	ils/elles sont parti(e)s	qu'ils/elles partent	
Imparfait	**Plus-que-parfait**	**Imparfait**	
je partais	j'étais parti(e)	que je partisse	
tu partais	tu étais parti(e)	que tu partisses	
il/elle partait	il/elle était parti(e)	qu'il/elle partît	
nous partions	nous étions parti(e)s	que nous partissions	
vous partiez	vous étiez parti(e)(s)	que vous partissiez	
ils/elles partaient	ils/elles étaient parti(e)s	qu'ils/elles partissent	
Passé simple	**Passé antérieur**	**Passé**	
je partis	je fus parti(e)	que je sois parti(e)	
tu partis	tu fus parti(e)	que tu sois parti(e)	
il/elle partit	il/elle fut part(e)	qu'il/elle soit parti(e)	
nous partîmes	nous fûmes parti(e)s	que nous soyons parti(e)s	
vous partîtes	vous fûtes parti(e)(s)	que vous soyez parti(e)(s)	
ils/elles partirent	ils/elles furent parti(e)s	qu'ils/elles soient parti(e)s	
Futur simple	**Futur antérieur**	**Plus-que-parfait**	
je partirai	je serai parti(e)	que je fusse parti(e)	
tu partiras	tu seras parti(e)	que tu fusses parti(e)	
il/elle partira	il/elle sera parti(e)	qu'il/elle fût parti(e)	
nous partirons	nous serons parti(e)s	que nous fussions parti(e)s	
vous partirez	vous serez parti(e)(s)	que vous fussiez parti(e)(s)	
ils/elles partiront	ils/elles seront parti(e)s	qu'ils/elles fussent parti(e)s	
CONDITIONNEL			
Présent	**Passé 1ère forme**	**Passé 2ème forme**	
je partirais	je serais parti(e)	je fusse parti(e)	
tu partirais	tu serais parti(e)	tu fusses parti(e)	
il/elle partirait	il/elle serait parti(e)	il/elle fût parti(e)	
nous partirions	nous serions parti(e)s	nous fussions parti(e)s	
vous partiriez	vous seriez parti(e)(s)	vous fussiez parti(e)(s)	
ils/elles partiraient	ils/elles seraient parti(e)s	ils/elles fussent parti(e)s	

IMPERATIF					
Présent			**Passé**		
pars	partons	partez	sois parti(e)	soyons parti(e)s	soyez parti(e)s

INFINITIF		PARTICIPE		
Présent	**Passé**	**Présent**	**Passé**	**Passé composé**
partir	être parti	partant	parti(e)(s)	étant parti

[18] SORTIR-3ème GROUPE

INDICATIF		SUBJONCTIF
Présent	**Passé composé**	**Présent**
je sors	je suis sorti(e)	que je sorte
tu sors	tu es sorti(e)	que tu sortes
il/elle sort	il/elle est sorti(e)	qu'il/elle sorte
nous sortons	nous sommes sorti(e)s	que nous sortions
vous sortez	vous êtes sorti(e)(s)	que vous sortiez
ils/elles sortent	ils/elles sont sorti(e)s	qu'ils/elles sortent
Imparfait	**Plus-que-parfait**	**Imparfait**
je sortais	j'étais sorti(e)	que je sortisse
tu sortais	tu étais sorti(e)	que tu sortisses
il/elle sortait	il/elle était sorti(e)	qu'il/elle sortît
nous sortions	nous étions sorti(e)s	que nous sortissions
vous sortiez	vous étiez sorti(e)(s)	que vous sortissiez
ils/elles sortaient	ils/elles étaient sorti(e)s	qu'ils/elles sortissent
Passé simple	**Passé antérieur**	**Passé**
je sortis	je fus sorti(e)	que je sois sorti(e)
tu sortis	tu fus sorti(e)	que tu sois sorti(e)
il/elle sortit	il/elle fut sorti(e)	qu'il/elle soit sorti(e)
nous sortîmes	nous fûmes sorti(e)s	que nous soyons sorti(e)s
vous sortîtes	vous fûtes sorti(e)(s)	que vous soyez sorti(e)(s)
ils/elles sortirent	ils/elles furent sorti(e)s	qu'ils/elles soient sorti(e)s
Futur simple	**Futur antérieur**	**Plus-que-parfait**
je sortirai	je serai sorti(e)	que je fusse sorti(e)
tu sortiras	tu seras sorti(e)	que tu fusses sorti(e)
il/elle sortira	il/elle sera sorti(e)	qu'il/elle fût sorti(e)
nous sortirons	nous serons sorti(e)s	que nous fussions sorti(e)s
vous sortirez	vous serez sorti(e)(s)	que vous fussiez sorti(e)(s)
ils/elles sortiront	ils/elles seront sorti(e)s	qu'ils/elles fussent sorti(e)s
CONDITIONNEL		
Présent	**Passé 1ère forme**	**Passé 2ème forme**
je sortirais	je serais sorti(e)	je fusse sorti(e)
tu sortirais	tu serais sorti(e)	tu fusses sorti(e)
il/elle sortirait	il/elle serait sorti(e)	il/elle fût sorti(e)
nous sortirions	nous serions sorti(e)s	nous fussions sorti(e)s
vous sortiriez	vous seriez sorti(e)(s)	vous fussiez sorti(e)(s)
ils/elles sortiraient	ils/elles seraient sorti(e)s	ils/elles fussent sorti(e)s

IMPERATIF						
Présent				**Passé**		
sors	sortons		sortez	sois sorti(e)	soyons sorti(e)s	soyez sorti(e)s

INFINITIF		PARTICIPE		
Présent	**Passé**	**Présent**	**Passé**	**Passé composé**
sortir	être sorti	sortant	sorti(e)(s)	étant sorti

[19] VENIR - 3ème GROUPE

Tous les verbes en **-enir** sont de la famille de venir et se conjuguent de la même manière.
Aux deux premières personnes du pluriel du passé simple, il ne faut pas oublier l'accent circonflexe sur le **i**

Le verbe **advenir** ne s'emploie qu'à la 3ème personne du singulier et du pluriel.

INDICATIF		SUBJONCTIF
Présent	**Passé composé**	**Présent**
je viens	je suis venu(e)	que je vienne
tu viens	tu es venu(e)	que tu viennes
il/elle vient	il/elle est venu(e)	qu'il/elle vienne
nous venons	nous sommes venu(e)s	que nous venions
vous venez	vous êtes venu(e)(s)	que vous veniez
ils/elles viennent	ils/elles sont venu(e)s	qu'ils/elles viennent
Imparfait	**Plus-que-parfait**	**Imparfait**
je venais	j'étais venu(e)	que je vinsse
tu venais	tu étais venu(e)	que tu vinsses
il/elle venait	il/elle était venu(e)	qu'il/elle vînt
nous venions	nous étions venu(e)s	que nous vinssions
vous veniez	vous étiez venu(e)(s)	que vous vinssiez
ils/elles venaient	ils/elles étaient venu(e)s	qu'ils/elles vinssent
Passé simple	**Passé antérieur**	**Passé**
je vins	je fus venu(e)	que je sois venu(e)
tu vins	tu fus venu(e)	que tu sois venu(e)
il/elle vint	il/elle fut venu(e)	qu'il/elle soit venu(e)
nous vînmes	nous fûmes venu(e)s	que nous soyons venu(e)s
vous vîntes	vous fûtes venu(e)(s)	que vous soyez venu(e)(s)
ils/elles vinrent	ils/elles furent venu(e)s	qu'ils/elles soient venu(e)s
Futur simple	**Futur antérieur**	**Plus-que-parfait**
je viendrai	je serai venu(e)	que je fusse venu(e)
tu viendras	tu seras venu(e)	que tu fusses venu(e)
il/elle viendra	il/elle sera venu(e)	qu'il/elle fût venu(e)
nous viendrons	nous serons venu(e)s	que nous fussions venu(e)s
vous viendrez	vous serez venu(e)(s)	que vous fussiez venu(e)(s)
ils/elles viendront	ils/elles seront venu(e)s	qu'ils/elles fussent venu(e)s
CONDITIONNEL		
Présent	**Passé 1ère forme**	**Passé 2ème forme**
je viendrais	je serais venu(e)	je fusse venu(e)
tu viendrais	tu serais venu(e)	tu fusses venu(e)
il/elle viendrait	il/elle serait venu(e)	il/elle fût venu(e)
nous viendrions	nous serions venu(e)s	nous fussions venu(e)s
vous viendriez	vous seriez venu(e)(s)	vous fussiez venu(e)(s)
ils/elles viendraient	ils/elles seraient venu(e)s	ils/elles fussent venu(e)s

IMPERATIF					
Présent			**Passé**		
viens	venons	venez	sois venu(e)	soyons venu(e)s	soyez venu(e)s

INFINITIF		PARTICIPE		
Présent	**Passé**	**Présent**	**Passé**	**Passé composé**
venir	être venu	venant	venu(e)(s)	étant venu

[20] CONDUIRE-3ème GROUPE

Tous les verbes en **-uire** se conjuguent comme **conduire**, sauf **nuire, reluire, luire** qui ont un participe passé invariable en **-ui** (nui, relui, lui)

INDICATIF		SUBJONCTIF
Présent	**Passé composé**	**Présent**
je conduis	j'ai conduit	que je conduise
tu conduis	tu as conduit	que tu conduises
il/elle conduit	il/elle a conduit	qu'il/elle conduise
nous conduisons	nous avons conduit	que nous conduisions
vous conduisez	vous avez conduit	que vous conduisiez
ils/elles conduisent	ils/elles ont conduit	qu'ils/elles conduisent
Imparfait	**Plus-que-parfait**	**Imparfait**
je conduisais	j'avais conduit	que je conduisisse
tu conduisais	tu avais conduit	que tu conduisisses
il/elle conduisait	il/elle avait conduit	qu'il/elle conduisît
nous conduisions	nous avions conduit	que nous conduisissions
vous conduisiez	vous aviez conduit	que vous conduisissiez
ils/elles conduisaient	ils/elles avaient conduit	qu'ils/elles conduisissent
Passé simple	**Passé antérieur**	**Passé**
je conduisis	j'eus conduit	que j'aie conduit
tu conduisis	tu eus conduit	que tu aies conduit
il/elle conduisit	il/elle eut conduit	qu'il/elle ait conduit
nous conduisîmes	nous eûmes conduit	que nous ayons conduit
vous conduisîtes	vous eûtes conduit	que vous ayez conduit
ils/elles conduisirent	ils/elles eurent conduit	qu'ils/elles aient conduit
Futur simple	**Futur antérieur**	**Plus-que-parfait**
je conduirai	j'aurai conduit	que j'eusse conduit
tu conduiras	tu auras conduit	que tu eusses conduit
il/elle conduira	il/elle aura conduit	qu'il/elle eût conduit
nous conduirons	nous aurons conduit	que nous eussions conduit
vous conduirez	vous aurez conduit	que vous eussiez conduit
ils/elles conduiront	ils/elles auront conduit	qu'ils/elles eussent conduit
CONDITIONNEL		
Présent	**Passé 1ère forme**	**Passé 2ème forme**
je conduirais	j'aurais conduit	j'eusse conduit
tu conduirais	tu aurais conduit	tu eusses conduit
il/elle conduirait	il/elle aurait conduit	il/elle eût conduit
nous conduirions	nous aurions conduit	nous eussions conduit
vous conduiriez	vous auriez conduit	vous eussiez conduit
ils/elles conduiraient	ils/elles auraient conduit	ils/elles eussent conduit

IMPERATIF					
Présent			**Passé**		
conduis	conduisons	conduisez	aie conduit	ayons conduit	ayez conduit

INFINITIF		PARTICIPE		
Présent	**Passé**	**Présent**	**Passé**	**Passé composé**
conduire	avoir conduit	conduisant	conduit(e)(s)	ayant conduit

[21] DIRE - 3ème GROUPE

Les verbes dire et **redire** ont leur 2ème personne du pluriel du présent de l'indicatif et de l'impératif en **-tes**.

Les autres verbes qui se conjuguent sur ce modèle (contredire, dédire, interdire, médire et prédire) gardent la terminaison en **-ez** à la 2ème personne du pluriel du présent de l'indicatif et de l'impératif (Ex. : vous interdisez, vous médisez)

INDICATIF		SUBJONCTIF
Présent	**Passé composé**	**Présent**
je dis	j'ai dit	que je dise
tu dis	tu as dit	que tu dises
il/elle dit	il/elle a dit	qu'il/elle dise
nous disons	nous avons dit	que nous disions
vous dites	vous avez dit	que vous disiez
ils/elles disent	ils/elles ont dit	qu'ils/elles disent
Imparfait	**Plus-que-parfait**	**Imparfait**
je disais	j'avais dit	que je disse
tu disais	tu avais dit	que tu disses
il/elle disait	il/elle avait dit	qu'il/elle dît
nous disions	nous avions dit	que nous dissions
vous disiez	vous aviez dit	que vous dissiez
ils/elles disaient	ils/elles avaient dit	qu'ils/elles dissent
Passé simple	**Passé antérieur**	**Passé**
je dis	j'eus dit	que j'aie dit
tu dis	tu eus dit	que tu aies dit
il/elle dit	il/elle eut dit	qu'il/elle ait dit
nous dîmes	nous eûmes dit	que nous ayons dit
vous dîtes	vous eûtes dit	que vous ayez dit
ils/elles dirent	ils/elles eurent dit	qu'ils/elles aient dit
Futur simple	**Futur antérieur**	**Plus-que-parfait**
je dirai	j'aurai dit	que j'eusse dit
tu diras	tu auras dit	que tu eusses dit
il/elle dira	il/elle aura dit	qu'il/elle eût dit
nous dirons	nous aurons dit	que nous eussions dit
vous direz	vous aurez dit	que vous eussiez dit
ils/elles diront	ils/elles auront dit	qu'ils/elles eussent dit
CONDITIONNEL		
Présent	**Passé 1ère forme**	**Passé 2ème forme**
je dirais	j'aurais dit	j'eusse dit
tu dirais	tu aurais dit	tu eusses dit
il/elle dirait	il/elle aurait dit	il/elle eût dit
nous dirions	nous aurions dit	nous eussions dit
vous diriez	vous auriez dit	vous eussiez dit
ils/elles diraient	ils/elles auraient dit	ils/elles eussent dit

IMPERATIF					
Présent			**Passé**		
dis	disons	dites	aie dit	ayons dit	ayez dit

INFINITIF		PARTICIPE		
Présent	**Passé**	**Présent**	**Passé**	**Passé composé**
dire	avoir dit	disant	dit(e)(s)	ayant dit

[22] ECRIRE-3ème GROUPE

Tous les verbes se terminant par **-crire** se conjuguent comme **écrire**.

INDICATIF		SUBJONCTIF
Présent	**Passé composé**	**Présent**
j'écris	j'ai écrit	que j'écrive
tu écris	tu as écrit	que tu écrives
il/elle écrit	il/elle a écrit	qu'il/elle écrive
nous écrivons	nous avons écrit	que nous écrivions
vous écrivez	vous avez écrit	que vous écriviez
ils/elles écrivent	ils/elles ont écrit	qu'ils/elles écrivent
Imparfait	**Plus-que-parfait**	**Imparfait**
j'écrivais	j'avais écrit	que j'écrivisse
tu écrivais	tu avais écrit	que tu écrivisses
il/elle écrivait	il/elle avait écrit	qu'il/elle écrivît
nous écrivions	nous avions écrit	que nous écrivissions
vous écriviez	vous aviez écrit	que vous écrivissiez
ils/elles écrivaient	ils/elles avaient écrit	qu'ils/elles écrivissent
Passé simple	**Passé antérieur**	**Passé**
j'écrivis	j'eus écrit	que j'aie écrit
tu écrivis	tu eus écrit	que tu aies écrit
il/elle écrivit	il/elle eut écrit	qu'il/elle ait écrit
nous écrivîmes	nous eûmes écrit	que nous ayons écrit
vous écrivîtes	vous eûtes écrit	que vous ayez écrit
ils/elles écrivirent	ils/elles eurent écrit	qu'ils/elles aient écrit
Futur simple	**Futur antérieur**	**Plus-que-parfait**
j'écrirai	j'aurai écrit	que j'eusse écrit
tu écriras	tu auras écrit	que tu eusses écrit
il/elle écrira	il/elle aura écrit	qu'il/elle eût écrit
nous écrirons	nous aurons écrit	que nous eussions écrit
vous écrirez	vous aurez écrit	que vous eussiez écrit
ils/elles écriront	ils/elles auront écrit	qu'ils/elles eussent écrit
CONDITIONNEL		
Présent	**Passé 1ère forme**	**Passé 2ème forme**
j'écrirais	j'aurais écrit	j'eusse écrit
tu écrirais	tu aurais écrit	tu eusses écrit
il/elle écrirait	il/elle aurait écrit	il/elle eût écrit
nous écririons	nous aurions écrit	nous eussions écrit
vous écririez	vous auriez écrit	vous eussiez écrit
ils/elles écriraient	ils/elles auraient écrit	ils/elles eussent écrit

IMPERATIF					
Présent			**Passé**		
écris	écrivons	écrivez	aie écrit	ayons écrit	ayez écrit

INFINITIF		PARTICIPE		
Présent	**Passé**	**Présent**	**Passé**	**Passé composé**
écrire	avoir écrit	écrivant	écrit(e)(s)	ayant écrit

[23] LIRE -3ème GROUPE

Relire, **élire**, et **réélire** se conjuguent comme lire.

INDICATIF		SUBJONCTIF	
Présent	**Passé composé**	**Présent**	
je lis	j'ai lu	que je lise	
tu lis	tu as lu	que tu lises	
il/elle lit	il/elle a lu	qu'il/elle lise	
nous lisons	nous avons lu	que nous lisions	
vous lisez	vous avez lu	que vous lisiez	
ils/elles lisent	ils/elles ont lu	qu'ils/elles lisent	
Imparfait	**Plus-que-parfait**	**Imparfait**	
je lisais	j'avais lu	que je lusse	
tu lisais	tu avais lu	que tu lusses	
il/elle lisait	il/elle avait lu	qu'il/elle lût	
nous lisions	nous avions lu	que nous lussions	
vous lisiez	vous aviez lu	que vous lussiez	
ils/elles lisaient	ils/elles avaient lu	qu'ils/elles lussent	
Passé simple	**Passé antérieur**	**Passé**	
je lus	j'eus lu	que j'aie lu	
tu lus	tu eus lu	que tu aies lu	
il/elle lut	il/elle eut lu	qu'il/elle ait lu	
nous lûmes	nous eûmes lu	que nous ayons lu	
vous lûtes	vous eûtes lu	que vous ayez lu	
ils/elles lurent	ils/elles eurent lu	qu'ils/elles aient lu	
Futur simple	**Futur antérieur**	**Plus-que-parfait**	
je lirai	j'aurai lu	que j'eusse lu	
tu liras	tu auras lu	que tu eusses lu	
il/elle lira	il/elle aura lu	qu'il/elle eût lu	
nous lirons	nous aurons lu	que nous eussions lu	
vous lirez	vous aurez lu	que vous eussiez lu	
ils/elles liront	ils/elles auront lu	qu'ils/elles eussent lu	
CONDITIONNEL			
Présent	**Passé 1ère forme**	**Passé 2ème forme**	
je lirais	j'aurais lu	j'eusse lu	
tu lirais	tu aurais lu	tu eusses lu	
il/elle lirait	il/elle aurait lu	il/elle eût lu	
nous lirions	nous aurions lu	nous eussions lu	
vous liriez	vous auriez lu	vous eussiez lu	
ils/elles liraient	ils/elles auraient lu	ils/elles eussent lu	
IMPERATIF			
Présent		**Passé**	
lis	lisons	lisez	aie lu	ayons lu	ayez lu

INFINITIF		PARTICIPE		
Présent	**Passé**	**Présent**	**Passé**	**Passé composé**
lire	avoir lu	lisant	lu(e)(s)	ayant lu

[24] RIRE - 3ème GROUPE

Le verbe **sourire** se conjugue sur ce modèle.
Ne pas oublier les deux **i** pour la deuxième et la troisième personne du pluriel à l'imparfait de l'indicatif et au subjonctif présent.
Le participe passé de ces deux verbes est invariable : **ri, souri**.

INDICATIF		SUBJONCTIF
Présent	**Passé composé**	**Présent**
je ris	j'ai ri	que je rie
tu ris	tu as ri	que tu ries
il/elle rit	il/elle a ri	qu'il/elle rie
nous rions	nous avons ri	que nous ri**i**ons
vous riez	vous avez ri	que vous ri**i**ez
ils/elles rient	ils/elles ont ri	qu'ils/elles rient
Imparfait	**Plus-que-parfait**	**Imparfait**
je riais	j'avais ri	que je risse
tu riais	tu avais ri	que tu risses
il/elle riait	il/elle avait ri	qu'il/elle rît
nous ri**i**ons	nous avions ri	que nous rissions
vous ri**i**ez	vous aviez ri	que vous rissiez
ils/elles riaient	ils/elles avaient ri	qu'ils/elles rissent
Passé simple	**Passé antérieur**	**Passé**
je ris	j'eus ri	que j'aie ri
tu ris	tu eus ri	que tu aies ri
il/elle rit	il/elle eut ri	qu'il/elle ait ri
nous rîmes	nous eûmes ri	que nous ayons ri
vous rîtes	vous eûtes ri	que vous ayez ri
ils/elles rirent	ils/elles eurent ri	qu'ils/elles aient ri
Futur simple	**Futur antérieur**	**Plus-que-parfait**
je rirai	j'aurai ri	que j'eusse ri
tu riras	tu auras ri	que tu eusses ri
il/elle rira	il/elle aura ri	qu'il/elle eût ri
nous rirons	nous aurons ri	que nous eussions ri
vous rirez	vous aurez ri	que vous eussiez ri
ils/elles riront	ils/elles auront ri	qu'ils/elles eussent ri
CONDITIONNEL		
Présent	**Passé 1ère forme**	**Passé 2ème forme**
je rirais	j'aurais ri	j'eusse ri
tu rirais	tu aurais ri	tu eusses ri
il/elle rirait	il/elle aurait ri	il/elle eût ri
nous ririons	nous aurions ri	nous eussions ri
vous ririez	vous auriez ri	vous eussiez ri
ils/elles riraient	ils/elles auraient ri	ils/elles eussent ri

IMPERATIF					
Présent			**Passé**		
ris	rions	riez	aie ri	ayons ri	ayez ri

INFINITIF		PARTICIPE		
Présent	**Passé**	**Présent**	**Passé**	**Passé composé**
rire	avoir ri	riant	ri	ayant ri

[25] DEVOIR - 3ème GROUPE

L'accent circonflexe sur le **u** du participe passé disparaît au féminin et au pluriel : **dû, due, dus, dues**

Seul le verbe **redevoir** se conjugue sur ce modèle.

INDICATIF		SUBJONCTIF
Présent	**Passé composé**	**Présent**
je dois	j'ai dû	que je doive
tu dois	tu as dû	que tu doives
il/elle doit	il/elle a dû	qu'il/elle doive
nous devons	nous avons dû	que nous devions
vous devez	vous avez dû	que vous deviez
ils/elles doivent	ils/elles ont dû	qu'ils/elles doivent
Imparfait	**Plus-que-parfait**	**Imparfait**
je devais	j'avais dû	que je dusse
tu devais	tu avais dû	que tu dusses
il/elle devait	il/elle avait dû	qu'il/elle dût
nous devions	nous avions dû	que nous dussions
vous deviez	vous aviez dû	que vous dussiez
ils/elles devaient	ils/elles avaient dû	qu'ils/elles dussent
Passé simple	**Passé antérieur**	**Passé**
je dus	j'eus dû	que j'aie dû
tu dus	tu eus dû	que tu aies dû
il/elle dut	il/elle eut dû	qu'il/elle ait dû
nous dûmes	nous eûmes dû	que nous ayons dû
vous dûtes	vous eûtes dû	que vous ayez dû
ils/elles durent	ils/elles eurent dû	qu'ils/elles aient dû
Futur simple	**Futur antérieur**	**Plus-que-parfait**
je devrai	j'aurai dû	que j'eusse dû
tu devras	tu auras dû	que tu eusses dû
il/elle devra	il/elle aura dû	qu'il/elle eût dû
nous devrons	nous aurons dû	que nous eussions dû
vous devrez	vous aurez dû	que vous eussiez dû
ils/elles devront	ils/elles auront dû	qu'ils/elles eussent dû
CONDITIONNEL		
Présent	**Passé 1ère forme**	**Passé 2ème forme**
je devrais	j'aurais dû	j'eusse dû
tu devrais	tu aurais dû	tu eusses dû
il/elle devrait	il/elle aurait dû	il/elle eût dû
nous devrions	nous aurions dû	nous eussions dû
vous devriez	vous auriez dû	vous eussiez dû
ils/elles devraient	ils/elles auraient dû	ils/elles eussent dû
IMPERATIF		
Présent		**Passé**

INFINITIF		PARTICIPE		
Présent	**Passé**	**Présent**	**Passé**	**Passé composé**
devoir	avoir dû	devant	dû, due, dus, dues	ayant dû

[26] POUVOIR - 3ème GROUPE

Le participe passé est toujours invariable et ne prend pas d'accent circonflexe : **pu**
Les terminaison aux deux premières personnes du présent finissent par **x** et non par **s** comme les verbes du 3ème groupe.
Il n'a pas d'impératif.

INDICATIF		SUBJONCTIF
Présent	**Passé composé**	**Présent**
je peu**x**	j'ai pu	que je puisse
tu peu**x**	tu as pu	que tu puisses
il/elle peut	il/elle a pu	qu'il/elle puisse
nous pouvons	nous avons pu	que nous puissions
vous pouvez	vous avez pu	que vous puissiez
ils/elles peuvent	ils/elles ont pu	qu'ils/elles puissent
Imparfait	**Plus-que-parfait**	**Imparfait**
je pouvais	j'avais pu	que je pusse
tu pouvais	tu avais pu	que tu pusses
il/elle pouvait	il/elle avait pu	qu'il/elle pût
nous pouvions	nous avions pu	que nous pussions
vous pouviez	vous aviez pu	que vous pussiez
ils/elles pouvaient	ils/elles avaient pu	qu'ils/elles pussent
Passé simple	**Passé antérieur**	**Passé**
je pus	j'eus pu	que j'aie pu
tu pus	tu eus pu	que tu aies pu
il/elle put	il/elle eut pu	qu'il/elle ait pu
nous pûmes	nous eûmes pu	que nous ayons pu
vous pûtes	vous eûtes pu	que vous ayez pu
ils/elles purent	ils/elles eurent pu	qu'ils/elles aient pu
Futur simple	**Futur antérieur**	**Plus-que-parfait**
je pourrai	j'aurai pu	que j'eusse pu
tu pourras	tu auras pu	que tu eusses pu
il/elle pourra	il/elle aura pu	qu'il/elle eût pu
nous pourrons	nous aurons pu	que nous eussions pu
vous pourrez	vous aurez pu	que vous eussiez pu
ils/elles pourront	ils/elles auront pu	qu'ils/elles eussent pu
CONDITIONNEL		
Présent	**Passé 1ère forme**	**Passé 2ème forme**
je pourrais	j'aurais pu	j'eusse pu
tu pourrais	tu aurais pu	tu eusses pu
il/elle pourrait	il/elle aurait pu	il/elle eût pu
nous pourrions	nous aurions pu	nous eussions pu
vous pourriez	vous auriez pu	vous eussiez pu
ils/elles pourraient	ils/elles auraient pu	ils/elles eussent pu
IMPERATIF		
Présent		**Passé**

INFINITIF		PARTICIPE		
Présent	**Passé**	**Présent**	**Passé**	**Passé composé**
pouvoir	avoir pu	pouvant	pu	ayant pu

[27] SAVOIR-3ème GROUPE

Il est le seul verbe à se conjuguer ainsi.

INDICATIF		SUBJONCTIF
Présent	**Passé composé**	**Présent**
je sais	j' ai su	que je sache
tu sais	tu as su	que tu saches
il/elle sait	il/elle a su	qu'il/elle sache
nous savons	nous avons su	que nous sachions
vous savez	vous avez su	que vous sachiez
ils/elles savent	ils/elles ont su	qu'ils/elles sachent
Imparfait	**Plus-que-parfait**	**Imparfait**
je savais	j'avais su	que je susse
tu savais	tu avais su	que tu susses
il/elle savait	il/elle avait su	qu'il/elle sût
nous savions	nous avions su	que nous sussions
vous saviez	vous aviez su	que vous sussiez
ils/elles savaient	ils/elles avaient su	qu'ils/elles sussent
Passé simple	**Passé antérieur**	**Passé**
je sus	j'eus su	que j'aie su
tu sus	tu eus su	que tu aies su
il/elle sut	il/elle eut su	qu'il/elle ait su
nous sûmes	nous eûmes su	que nous ayons su
vous sûtes	vous eûtes su	que vous ayez su
ils/elles surent	ils/elles eurent su	qu'ils/elles aient su
Futur simple	**Futur antérieur**	**Plus-que-parfait**
je saurai	j'aurai su	que j'eusse su
tu sauras	tu auras su	que tu eusses su
il/elle saura	il/elle aura su	qu'il/elle eût su
nous saurons	nous aurons su	que nous eussions su
vous saurez	vous aurez su	que vous eussiez su
ils/elles sauront	ils/elles auront su	qu'ils/elles eussent su
CONDITIONNEL		
Présent	**Passé 1ère forme**	**Passé 2ème forme**
je saurais	j'aurais su	j'eusse su
tu saurais	tu aurais su	tu eusses su
il/elle saurait	il/elle aurait su	il/elle eût su
nous saurions	nous aurions su	nous eussions su
vous sauriez	vous auriez su	vous eussiez su
ils/elles sauraient	ils/elles auraient su	ils/elles eussent su

IMPERATIF					
Présent			**Passé**		
sache	sachons	sachez	aie su	ayons su	ayez su

INFINITIF		PARTICIPE		
Présent	**Passé**	**Présent**	**Passé**	**Présent**
savoir	avoir su	sachant	su(e)(s)	ayant su

[28] VALOIR - 3ème GROUPE

Les verbes **revaloir** et **équivaloir** se conjuguent comme valoir.

Au deux premières personnes du présent de l'indicatif la terminaison est **x** et non **s**.

INDICATIF		SUBJONCTIF	
Présent	**Passé composé**	**Présent**	
je vaux	j'ai valu	que je vaille	
tu vaux	tu as valu	que tu vailles	
il/elle vaut	il/elle a valu	qu'il/elle vaille	
nous valons	nous avons valu	que nous valions	
vous valez	vous avez valu	que vous valiez	
ils/elles valent	ils/elles ont valu	qu'ils/elles vaillent	
Imparfait	**Plus-que-parfait**	**Imparfait**	
je valais	j'avais valu	que je valusse	
tu valais	tu avais valu	que tu valusses	
il/elle valait	il/elle avait valu	qu'il/elle valût	
nous valions	nous avions valu	que nous valussions	
vous valiez	vous aviez valu	que vous valussiez	
ils/elles valaient	ils/elles avaient valu	qu'ils/elles valussent	
Passé simple	**Passé antérieur**	**Passé**	
je valus	j'eus valu	que j'aie valu	
tu valus	tu eus valu	que tu aies valu	
il/elle valut	il/elle eut valu	qu'il/elle ait valu	
nous valûmes	nous eûmes valu	que nous ayons valu	
vous valûtes	vous eûtes valu	que vous ayez valu	
ils/elles valurent	ils/elles eurent valu	qu'ils/elles aient valu	
Futur simple	**Futur antérieur**	**Plus-que-parfait**	
je vaudrai	j'aurai valu	que j'eusse valu	
tu vaudras	tu auras valu	que tu eusses valu	
il/elle vaudra	il/elle aura valu	qu'il/elle eût valu	
nous vaudrons	nous aurons valu	que nous eussions valu	
vous vaudrez	vous aurez valu	que vous eussiez valu	
ils/elles vaudront	ils/elles auront valu	qu'ils/elles eussent valu	
CONDITIONNEL			
Présent	**Passé 1ère forme**	**Passé 2ème forme**	
je vaudrais	j'aurais valu	j'eusse valu	
tu vaudrais	tu aurais valu	tu eusses valu	
il/elle vaudrait	il/elle aurait valu	il/elle eût valu	
nous vaudrions	nous aurions valu	nous eussions valu	
vous vaudriez	vous auriez valu	vous eussiez valu	
ils/elles vaudraient	ils/elles auraient valu	ils/elles eussent valu	
IMPERATIF			
Présent		**Passé**	
vaux	valons	valez	aie valu	ayons valu	ayez valu
INFINITIF		**PARTICIPE**	
Présent	**Passé**	**Présent**	**Passé**	**Présent**
valoir	avoir valu	valant	valu(e)(s)	ayant valu

[29] VOULOIR - 3ème GROUPE

La 2ème personne du pluriel de l'impératif présent est utilisée couramment dans les formules de politesse à l'écrit (Veuillez agréer, Veuillez recevoir mes salutations distinguées)

L'utilisation de l'impératif présent est rare en dehors des expressions « ne m'en veut pas », « ne m'en voulait pas », ou encore « ne m'en veuillez pas »

INDICATIF		SUBJONCTIF
Présent	**Passé composé**	**Présent**
je veux	j'ai voulu	que je veuille
tu veux	tu as voulu	que tu veuilles
il/elle veut	il/elle a voulu	qu'il/elle veuille
nous voulons	nous avons voulu	que nous voulions
vous voulez	vous avez voulu	que vous vouliez
ils/elles veulent	ils/elles ont voulu	qu'ils/elles veuillent
Imparfait	**Plus-que-parfait**	**Imparfait**
je voulais	j'avais voulu	que je voulusse
tu voulais	tu avais voulu	que tu voulusses
il/elle voulait	il/elle avait voulu	qu'il/elle voulût
nous voulions	nous avions voulu	que nous voulussions
vous vouliez	vous aviez voulu	que vous voulussiez
ils/elles voulaient	ils/elles avaient voulu	qu'ils/elles voulussent
Passé simple	**Passé antérieur**	**Passe**
je voulus	j'eus voulu	que j'aie voulu
tu voulus	tu eus voulu	que tu aies voulu
il/elle voulut	il/elle eut voulu	qu'il/elle ait voulu
nous voulûmes	nous eûmes voulu	que nous ayons voulu
vous voulûtes	vous eûtes voulu	que vous ayez voulu
ils/elles voulurent	ils/elles eurent voulu	qu'ils/elles aient voulu
Futur simple	**Futur antérieur**	**Plus-que-parfait**
je voudrai	j'aurai voulu	que j'eusse voulu
tu voudras	tu auras voulu	que tu eusses voulu
il/elle voudra	il/elle aura voulu	qu'il/elle eût voulu
nous voudrons	nous aurons voulu	que nous eussions voulu
vous voudrez	vous aurez voulu	que vous eussiez voulu
ils/elles voudront	ils/elles auront voulu	qu'ils/elles eussent voulu
CONDITIONNEL		
Présent	**Passé 1ère forme**	**Passé 2ème forme**
je voudrais	j'aurais voulu	j'eusse voulu
tu voudrais	tu aurais voulu	tu eusses voulu
il/elle voudrait	il/elle aurait voulu	il/elle eût voulu
nous voudrions	nous aurions voulu	nous eussions voulu
vous voudriez	vous auriez voulu	vous eussiez voulu
ils/elles voudraient	ils/elles auraient voulu	ils/elles eussent voulu

IMPERATIF					
Présent			**Passé**		
veux/**veuille**	voulons	voulez/veuillez	aie voulu	ayons voulu	ayez voulu

INFINITIF		PARTICIPE		
Présent	**Passé**	**Présent**	**Passé**	**Présent**
vouloir	avoir voulu	voulant	voulu(e)(s)	ayant voulu

[30] FALLOIR - 3ème GROUPE

C'est un verbe impersonnel : il ne se conjugue qu'à la 3ème personne du singulier.
Il n'a pas de participe présent ni d'impératif.

INDICATIF		SUBJONCTIF	
Présent	**Passé composé**	**Présent**	
il faut	il a fallu	qu'il faille	
Imparfait	**Plus-que-parfait**	**Imparfait**	
il fallait	il avait fallu	qu'il fallût	
Passé simple	**Passé antérieur**	**Passé**	
il fallut	il eut fallu	qu'il ait fallu	
Futur simple	**Futur antérieur**	**Plus-que-parfait**	
il faudra	il aura fallu	qu'il eût fallu	
CONDITIONNEL			
Présent	**Passé 1ère forme**	**Passé 2ème forme**	
il faudrait	il aurait fallu	il eût fallu	
IMPERATIF			
Présent		**Passé**	
INFINITIF		PARTICIPE	
Présent	**Passé**	**Présent**	**Passé**	**Présent**
falloir	avoir fallu		fallu	ayant fallu

[31] PLEUVOIR-3ème GROUPE

Pleuvoir se conjugue à la 3ème personne du singulier.

INDICATIF		SUBJONCTIF	
Présent	**Passé composé**	**Présent**	
il pleut	il a plu	qu'il pleuve	
Imparfait	**Plus-que-parfait**	**Imparfait**	
il pleuvait	il avait plu	qu'il plût	
Passé simple	**Passé antérieur**	**Passé**	
il plut	il eut plu	qu'il ait plu	
Futur simple	**Futur antérieur**	**Plus-que-parfait**	
il pleuvra	il aura plu	qu'il eût plu	
CONDITIONNEL			
Présent	**Passé 1ère forme**	**Passé 2ème forme**	
il pleuvrait	il aurait plu	il eût plu	
IMPERATIF			
Présent		**Passé**	

INFINITIF		PARTICIPE		
Présent	**Passé**	**Présent**	**Passé**	**Présent**
pleuvoir	avoir plu	pleuvant	plu	ayant plu

[32] PRENDRE-3ème GROUPE

Tous les verbes se terminant en **-prendre** ont la même conjugaison (comprendre, apprendre, se méprendre, surprendre, ...)

INDICATIF		SUBJONCTIF
Présent	**Passé composé**	**Présent**
je prends	j'ai pris	que je prenne
tu prends	tu as pris	que tu prennes
il/elle prend	il/elle a pris	qu'il/elle prenne
nous prenons	nous avons pris	que nous prenions
vous prenez	vous avez pris	que vous preniez
ils/elles prennent	ils/elles ont pris	qu'ils/elles prennent
Imparfait	**Plus-que-parfait**	**Imparfait**
je prenais	j'avais pris	que je prisse
tu prenais	tu avais pris	que tu prisses
il/elle prenait	il/elle avait pris	qu'il/elle prît
nous prenions	nous avions pris	que nous prissions
vous preniez	vous aviez pris	que vous prissiez
ils/elles prenaient	ils/elles avaient pris	qu'ils/elles prissent
Passé simple	**Passé antérieur**	**Passé**
je pris	j'eus pris	que j'aie pris
tu pris	tu eus pris	que tu aies pris
il/elle prit	il/elle eut pris	qu'il/elle ait pris
nous prîmes	nous eûmes pris	que nous ayons pris
vous prîtes	vous eûtes pris	que vous ayez pris
ils/elles prirent	ils/elles eurent pris	qu'ils/elles aient pris
Futur simple	**Futur antérieur**	**Plus-que-parfait**
je prendrai	j'aurai pris	que j'eusse pris
tu prendras	tu auras pris	que tu eusses pris
il/elle prendra	il/elle aura pris	qu'il/elle eût pris
nous prendrons	nous aurons pris	que nous eussions pris
vous prendrez	vous aurez pris	que vous eussiez pris
ils/elles prendront	ils/elles auront pris	qu'ils/elles eussent pris
CONDITIONNEL		
Présent	**Passé 1ère forme**	**Passé 2ème forme**
je prendrais	j'aurais pris	j'eusse pris
tu prendrais	tu aurais pris	tu eusses pris
il/elle prendrait	il/elle aurait pris	il/elle eût pris
nous prendrions	nous aurions pris	nous eussions pris
vous prendriez	vous auriez pris	vous eussiez pris
ils/elles prendraient	ils/elles auraient pris	ils/elles eussent pris

IMPERATIF					
Présent			**Passé**		
prends	prenons	prenez	aie pris	ayons pris	ayez pris

INFINITIF		PARTICIPE		
Présent	**Passé**	**Présent**	**Passé**	**Présent**
prendre	avoir pris	prenant	pris(e)(s)	ayant pris

[33] RENDRE-3ème GROUPE

Les verbes en **-dre** ont la même conjugaison que rendre (attendre, étendre, ...), sauf les verbes formés sur le radical **prendre** (n°32), les verves en **-indre** et les verbes en **-soudre**

Au singulier du présent de l'indicatif et de l'impératif, il garde le **d** de l'infinitif.

INDICATIF		SUBJONCTIF
Présent	**Passé composé**	**Présent**
je rends	j'ai rendu	que je rende
tu rends	tu as rendu	que tu rendes
il/elle rend	il/elle a rendu	qu'il/elle rende
nous rendons	nous avons rendu	que nous rendions
vous rendez	vous avez rendu	que vous rendiez
ils/elles rendent	ils/elles ont rendu	qu'ils/elles rendent
Imparfait	**Plus-que-parfait**	**Imparfait**
je rendais	j'avais rendu	que je rendisse
tu rendais	tu avais rendu	que tu rendisses
il/elle rendait	il/elle avait rendu	qu'il/elle rendît
nous rendions	nous avions rendu	que nous rendissions
vous rendiez	vous aviez rendu	que vous rendissiez
ils/elles rendaient	ils/elles avaient rendu	qu'ils/elles rendissent
Passé simple	**Passé antérieur**	**Passé**
je rendis	j'eus rendu	que j'aie rendu
tu rendis	tu eus rendu	que tu aies rendu
il/elle rendit	il/elle eut rendu	qu'il/elle ait rendu
nous rendîmes	nous eûmes rendu	que nous ayons rendu
vous rendîtes	vous eûtes rendu	que vous ayez rendu
ils/elles rendirent	ils/elles eurent rendu	qu'ils/elles aient rendu
Futur simple	**Futur antérieur**	**Plus-que-parfait**
je rendrai	j'aurai rendu	que j'eusse rendu
tu rendras	tu auras rendu	que tu eusses rendu
il/elle rendra	il/elle aura rendu	qu'il/elle eût rendu
nous rendrons	nous aurons rendu	que nous eussions rendu
vous rendrez	vous aurez rendu	que vous eussiez rendu
ils/elles rendront	ils/elles auront rendu	qu'ils/elles eussent rendu
CONDITIONNEL		
Présent	**Passé 1ère forme**	**Passé 2ème forme**
je rendrais	j'aurais rendu	j'eusse rendu
tu rendrais	tu aurais rendu	tu eusses rendu
il/elle rendrait	il/elle aurait rendu	il/elle eût rendu
nous rendrions	nous aurions rendu	nous eussions rendu
vous rendriez	vous auriez rendu	vous eussiez rendu
ils/elles rendraient	ils/elles auraient rendu	ils/elles eussent rendu

IMPERATIF					
Présent			**Passé**		
rends	rendons	rendez	aie rendu	ayons rendu	ayez rendu

INFINITIF		PARTICIPE		
Présent	**Passé**	**Présent**	**Passé**	**Présent**
rendre	avoir rendu	rendant	rendu(e)(s)	ayant rendu

[34] CRAINDRE-3ᵉᵐᵉ GROUPE

Les verbes **contraindre, plaindre** se conjuguent comme craindre et perdent le **d** de l'infinitif sauf au futur simple et au présent du conditionnel.
Ces verbes prennent un **t** à la 3ᵉᵐᵉ personne du singulier du présent de l'indicatif
Attention de ne pas oublier le **i** après **gn** aux deux premières personnes du pluriel de l'imparfait de l'indicatif et du présent du subjonctif.

INDICATIF		SUBJONCTIF
Présent	**Passé composé**	**Présent**
je crains	j'ai craint	que je craigne
tu crains	tu as craint	que tu craignes
il/elle craint	il/elle a craint	qu'il/elle craigne
nous craignons	nous avons craint	que nous craignions
vous craignez	vous avez craint	que vous craigniez
ils/elles craignent	ils/elles ont craint	qu'ils/elles craignent
Imparfait	**Plus-que-parfait**	**Imparfait**
je craignais	j'avais craint	que je craignisse
tu craignais	tu avais craint	que tu craignisses
il/elle craignait	il/elle avait craint	qu'il/elle craignît
nous craignions	nous avions craint	que nous craignissions
vous craigniez	vous aviez craint	que vous craignissiez
ils/elles craignaient	ils/elles avaient craint	qu'ils/elles craignissent
Passé simple	**Passé antérieur**	**Passé**
je craignis	j'eus craint	que j'aie craint
tu craignis	tu eus craint	que tu aies craint
il/elle craignit	il/elle eut craint	qu'il/elle ait craint
nous craignîmes	nous eûmes craint	que nous ayons craint
vous craignîtes	vous eûtes craint	que vous ayez craint
ils/elles craignirent	ils/elles eurent craint	qu'ils/elles aient craint
Futur simple	**Futur antérieur**	**Plus-que-parfait**
je craindrai	j'aurai craint	que j'eusse craint
tu craindras	tu auras craint	que tu eusses craint
il/elle craindra	il/elle aura craint	qu'il/elle eût craint
nous craindrons	nous aurons craint	que nous eussions craint
vous craindrez	vous aurez craint	que vous eussiez craint
ils/elles craindront	ils/elles auront craint	qu'ils/elles eussent craint
CONDITIONNEL		
Présent	**Passé 1ʳᵉ forme**	**Passé 2ᵉᵐᵉ forme**
je craindrais	j'aurais craint	j'eusse craint
tu craindrais	tu aurais craint	tu eusses craint
il/elle craindrait	il/elle aurait craint	il/elle eût craint
nous craindrions	nous aurions craint	nous eussions craint
vous craindriez	vous auriez craint	vous eussiez craint
ils/elles craindraient	ils/elles auraient craint	ils/elles eussent craint

IMPERATIF					
Présent			**Passé**		
crains	craignons	craigne	aie craint	ayons craint	ayez craint

INFINITIF		PARTICIPE		
Présent	**Passé**	**Présent**	**Passé**	**Présent**
craindre	avoir craint	craignant	craint(e)(s)	ayant craint

[35] PEINDRE-3ème GROUPE

Les verbes **teindre**, **reteindre**, **repeindre** se conjuguent comme peindre et perdent le **d** sauf au futur simple et au présent du conditionnel.

Ces verbes prennent un **t** à la 3ème personne du singulier du présent de l'indicatif

Attention de ne pas oublier le **i** après **gn** aux deux premières personnes du pluriel de l'imparfait de l'indicatif et du présent du subjonctif.

INDICATIF		SUBJONCTIF
Présent	**Passé composé**	**Présent**
je peins	j'ai peint	que je peigne
tu peins	tu as peint	que tu peignes
il/elle peint	il/elle a peint	qu'il/elle peigne
nous peignons	nous avons peint	que nous peignions
vous peignez	vous avez peint	que vous peigniez
ils/elles peignent	ils/elles ont peint	qu'ils/elles peignent
Imparfait	**Plus-que-parfait**	**Imparfait**
je peignais	j'avais peint	que je peignisse
tu peignais	tu avais peint	que tu peignisses
il/elle peignait	il/elle avait peint	qu'il/elle peignît
nous peignions	nous avions peint	que nous peignissions
vous peigniez	vous aviez peint	que vous peignissiez
ils/elles peignaient	ils/elles avaient peint	qu'ils/elles peignissent
Passé simple	**Passé antérieur**	**Passé**
je peignis	j'eus peint	que j'aie peint
tu peignis	tu eus peint	que tu aies peint
il/elle peignit	il/elle eut peint	qu'il/elle ait peint
nous peignîmes	nous eûmes peint	que nous ayons peint
vous peignîtes	vous eûtes peint	que vous ayez peint
ils/elles peignirent	ils/elles eurent peint	qu'ils/elles aient peint
Futur simple	**Futur antérieur**	**Plus-que-parfait**
je peindrai	j'aurai peint	que j'eusse peint
tu peindras	tu auras peint	que tu eusses peint
il/elle peindra	il/elle aura peint	qu'il/elle eût peint
nous peindrons	nous aurons peint	que nous eussions peint
vous peindrez	vous aurez peint	que vous eussiez peint
ils/elles peindront	ils/elles auront peint	qu'ils/elles eussent peint
CONDITIONNEL		
Présent	**Passé 1ère forme**	**Passé 2ème forme**
je peindrais	j'aurais peint	j'eusse peint
tu peindrais	tu aurais peint	tu eusses peint
il/elle peindrait	il/elle aurait peint	il/elle eût peint
nous peindrions	nous aurions peint	nous eussions peint
vous peindriez	vous auriez peint	vous eussiez peint
ils/elles peindraient	ils/elles auraient peint	ils/elles eussent peint

IMPERATIF					
Présent			**Passé**		
peins	peignons	peignez	aie peint	ayons peint	ayez peint

INFINITIF		PARTICIPE		
Présent	**Passé**	**Présent**	**Passé**	**Présent**
peindre	avoir peint	peignant	peint(e)(s)	ayant peint

[36] JOINDRE - 3ème GROUPE

Les verbes **adjoindre**, **disjoindre**, **enjoindre**, **rejoindre** se conjuguent comme joindre.

Ces verbes prennent un **t** à la 3ème personne du singulier du présent de l'indicatif.

Attention de ne pas oublier le **i** après **gn** aux deux premières personnes du pluriel de l'imparfait de l'indicatif et du présent du subjonctif.

INDICATIF		SUBJONCTIF
Présent	**Passé composé**	**Présent**
je joins	j'ai joint	que je joigne
tu joins	tu as joint	que tu joignes
il/elle joint	il/elle a joint	qu'il/elle joigne
nous joignons	nous avons joint	que nous joignions
vous joignez	vous avez joint	que vous joigniez
ils/elles joignent	ils/elles ont joint	qu'ils/elles joignent
Imparfait	**Plus-que-parfait**	**Imparfait**
je joignais	j'avais joint	que je joignisse
tu joignais	tu avais joint	que tu joignisses
il/elle joignait	il/elle avait joint	qu'il/elle joignît
nous joignions	nous avions joint	que nous joignissions
vous joigniez	vous aviez joint	que vous joignissiez
ils/elles joignaient	ils/elles avaient joint	qu'ils/elles joignissent
Passé simple	**Passé antérieur**	**Passé**
je joignis	j'eus joint	que j'aie joint
tu joignis	tu eus joint	que tu aies joint
il/elle joignit	il/elle eut joint	qu'il/elle ait joint
nous joignîmes	nous eûmes joint	que nous ayons joint
vous joignîtes	vous eûtes joint	que vous ayez joint
ils/elles joignirent	ils/elles eurent joint	qu'ils/elles aient joint
Futur simple	**Futur antérieur**	**Plus-que-parfait**
je joindrai	j'aurai joint	que j'eusse joint
tu joindras	tu auras joint	que tu eusses joint
il/elle joindra	il/elle aura joint	qu'il/elle eût joint
nous joindrons	nous aurons joint	que nous eussions joint
vous joindrez	vous aurez joint	que vous eussiez joint
ils/elles joindront	ils/elles auront joint	qu'ils/elles eussent joint
CONDITIONNEL		
Présent	**Passé 1ère forme**	**Passé 2ème forme**
je joindrais	j'aurais joint	j'eusse joint
tu joindrais	tu aurais joint	tu eusses joint
il/elle joindrait	il/elle aurait joint	il/elle eût joint
nous joindrions	nous aurions joint	nous eussions joint
vous joindriez	vous auriez joint	vous eussiez joint
ils/elles joindraient	ils/elles auraient joint	ils/elles eussent joint

IMPERATIF					
Présent			**Passé**		
joignons	joignons	joignez	aie joint	ayons joint	ayez joint

INFINITIF		PARTICIPE		
Présent	**Passé**	**Présent**	**Passé**	**Passé composé**
joindre	avoir joint	joignant	joint(e)(s)	ayant joint

[37] RÉSOUDRE - 3ème GROUPE

Les verbes **absoudre** et **dissoudre** se conjuguent comme résoudre mais leur participe passé est absous, absoute et dissous, dissoute.

Ces verbes prennent un **t** à la 3ème personne du singulier du présent de l'indicatif.

INDICATIF		SUBJONCTIF
Présent	**Passé composé**	**Présent**
je réso**us**	j'ai résolu	que je **résolv**e
tu réso**us**	tu as résolu	que tu **résolv**es
il/elle réso**ut**	il/elle a résolu	qu'il/elle **résolv**e
nous **résolv**ons	nous avons résolu	que nous **résolv**ions
vous **résolv**ez	vous avez résolu	que vous **résolv**iez
ils/elles **résolv**ent	ils/elles ont résolu	qu'ils/elles **résolv**ent
Imparfait	**Plus-que-parfait**	**Imparfait**
je **résolv**ais	j'avais résolu	que je résolusse
tu **résolv**ais	tu avais résolu	que tu résolusses
il/elle **résolv**ait	il/elle avait résolu	qu'il/elle résolût
nous **résolv**ions	nous avions résolu	que nous résolussions
vous **résolv**iez	vous aviez résolu	que vous résolussiez
ils/elles **résolv**aient	ils/elles avaient résolu	qu'ils/elles résolussent
Passé simple	**Passé antérieur**	**Passé**
je résolus	j'eus résolu	que j'aie résolu
tu résolus	tu eus résolu	que tu aies résolu
il/elle résolut	il/elle eut résolu	qu'il/elle ait résolu
nous résolûmes	nous eûmes résolu	que nous ayons résolu
vous résolûtes	vous eûtes résolu	que vous ayez résolu
ils/elles résolurent	ils/elles eurent résolu	qu'ils/elles aient résolu
Futur simple	**Futur antérieur**	**Plus-que-parfait**
je résoudrai	j'aurai résolu	que j'eusse résolu
tu résoudras	tu auras résolu	que tu eusses résolu
il/elle résoudra	il/elle aura résolu	qu'il/elle eût résolu
nous résoudrons	nous aurons résolu	que nous eussions résolu
vous résoudrez	vous aurez résolu	que vous eussiez résolu
ils/elles résoudront	ils/elles auront résolu	qu'ils/elles eussent résolu
CONDITIONNEL		
Présent	**Passé 1ère forme**	**Passé 2ème forme**
je résoudrais	j'aurais résolu	j'eusse résolu
tu résoudrais	tu aurais résolu	tu eusses résolu
il/elle résoudrait	il/elle aurait résolu	il/elle eût résolu
nous résoudrions	nous aurions résolu	nous eussions résolu
vous résoudriez	vous auriez résolu	vous eussiez résolu
ils/elles résoudraient	ils/elles auraient résolu	ils/elles eussent résolu

IMPERATIF					
Présent			**Passé**		
résous	résolvons	résolvez	aie résolu	ayons résolu	ayez résolu

INFINITIF		PARTICIPE		
Présent	**Passé**	**Présent**	**Passé**	**Présent**
résoudre	avoir résolu	**résolv**ant	résolu(e)(s)	ayant résolu

[38] COUDRE-3ème GROUPE

Les verbes **découdre** et **recoudre** se conjuguent se conjuguent comme coudre.

INDICATIF		SUBJONCTIF	
Présent	**Passé composé**	**Présent**	
je couds	j'ai cousu	que je couse	
tu couds	tu as cousu	que tu couses	
il/elle coud	il/elle a cousu	qu'il/elle couse	
nous cousons	nous avons cousu	que nous cousions	
vous cousez	vous avez cousu	que vous cousiez	
ils/elles cousent	ils/elles ont cousu	qu'ils/elles cousent	
Imparfait	**Plus-que-parfait**	**Imparfait**	
je cousais	j'avais cousu	que je cousisse	
tu cousais	tu avais cousu	que tu cousisses	
il/elle cousait	il/elle avait cousu	qu'il/elle cousît	
nous cousions	nous avions cousu	que nous cousissions	
vous cousiez	vous aviez cousu	que vous cousissiez	
ils/elles cousaient	ils/elles avaient cousu	qu'ils/elles cousissent	
Passé simple	**Passé antérieur**	**Passé**	
je cousis	j'eus cousu	que j'aie cousu	
tu cousis	tu eus cousu	que tu aies cousu	
il/elle cousit	il/elle eut cousu	qu'il/elle ait cousu	
nous cousîmes	nous eûmes cousu	que nous ayons cousu	
vous cousîtes	vous eûtes cousu	que vous ayez cousu	
ils/elles cousirent	ils/elles eurent cousu	qu'ils/elles aient cousu	
Futur simple	**Futur antérieur**	**Plus-que-parfait**	
je coudrai	j'aurai cousu	que j'eusse cousu	
tu coudras	tu auras cousu	que tu eusses cousu	
il/elle coudra	il/elle aura cousu	qu'il/elle eût cousu	
nous coudrons	nous aurons cousu	que nous eussions cousu	
vous coudrez	vous aurez cousu	que vous eussiez cousu	
ils/elles coudront	ils/elles auront cousu	qu'ils/elles eussent cousu	
CONDITIONNEL			
Présent	**Passé 1ère forme**	**Passé 2ème forme**	
je coudrais	j'aurais cousu	j'eusse cousu	
tu coudrais	tu aurais cousu	tu eusses cousu	
il/elle coudrait	il/elle aurait cousu	il/elle eût cousu	
nous coudrions	nous aurions cousu	nous eussions cousu	
vous coudriez	vous auriez cousu	vous eussiez cousu	
ils/elles coudraient	ils/elles auraient cousu	ils/elles eussent cousu	
IMPERATIF			
Présent		**Passé**		
couds	cousons	cousez	aie cousu	ayons cousu	ayez cousu

INFINITIF		PARTICIPE		
Présent	**Passé**	**Présent**	**Passé**	**Passé composé**
coudre	avoir cousu	cousant	cousu(e)(s)	ayant cousu

[39] MOUDRE - 3ème GROUPE

remoudre se conjugue de la même manière.

INDICATIF		SUBJONCTIF
Présent	**Passé composé**	**Présent**
je mou**ds**	j'ai moulu	que je **moul**e
tu mou**ds**	tu as moulu	que tu **moul**es
il/elle mou**d**	il/elle a moulu	qu'il/elle **moul**e
nous **moul**ons	nous avons moulu	que nous **moul**ions
vous **moul**ez	vous avez moulu	que vous **moul**iez
ils/elles **moul**ent	ils/elles ont moulu	qu'ils/elles **moul**ent
Imparfait	**Plus-que-parfait**	**Imparfait**
je **moul**ais	j'avais moulu	que je moulusse
tu **moul**ais	tu avais moulu	que tu moulusses
il/elle **moul**ait	il/elle avait moulu	qu'il/elle moulût
nous **moul**ions	nous avions moulu	que nous moulussions
vous **moul**iez	vous aviez moulu	que vous moulussiez
ils/elles **moul**aient	ils/elles avaient moulu	qu'ils/elles moulussent
Passé simple	**Passé antérieur**	**Passé**
je **moul**us	j'eus moulu	que j'aie moulu
tu **moul**us	tu eus moulu	que tu aies moulu
il/elle **moul**ut	il/elle eut moulu	qu'il/elle ait moulu
nous **moul**ûmes	nous eûmes moulu	que nous ayons moulu
vous **moul**ûtes	vous eûtes moulu	que vous ayez moulu
ils/elles **moul**urent	ils/elles eurent moulu	qu'ils/elles aient moulu
Futur simple	**Futur antérieur**	**Plus-que-parfait**
je moudrai	j'aurai moulu	que j'eusse moulu
tu moudras	tu auras moulu	que tu eusses moulu
il/elle moudra	il/elle aura moulu	qu'il/elle eût moulu
nous moudrons	nous aurons moulu	que nous eussions moulu
vous moudrez	vous aurez moulu	que vous eussiez moulu
ils/elles moudront	ils/elles auront moulu	qu'ils/elles eussent moulu
CONDITIONNEL		
Présent	**Passé 1ère forme**	**Passé 2ème forme**
je moudrais	j'aurais moulu	j'eusse moulu
tu moudrais	tu aurais moulu	tu eusses moulu
il/elle moudrait	il/elle aurait moulu	il/elle eût moulu
nous moudrions	nous aurions moulu	nous eussions moulu
vous moudriez	vous auriez moulu	vous eussiez moulu
ils/elles moudraient	ils/elles auraient moulu	ils/elles eussent moulu

IMPERATIF					
Présent			Passé		
mouds	moulons	moulez	aie moulu	ayons moulu	ayez moulu

INFINITIF		PARTICIPE		
Présent	Passé	Présent	Passé	Présent
moudre	avoir moulu	moulant	moulu(e)(s)	ayant moulu

[40] ROMPRE - 3ème GROUPE

Les verbes **corrompre** et **interrompre** se conjuguent comme rompre.
Ils gardent leur **p** dans toute la conjugaison.

INDICATIF		SUBJONCTIF
Présent	**Passé composé**	**Présent**
je romps	j'ai rompu	que je rompe
tu romps	tu as rompu	que tu rompes
il/elle rompt	il/elle a rompu	qu'il/elle rompe
nous rompons	nous avons rompu	que nous rompions
vous rompez	vous avez rompu	que vous rompiez
ils/elles rompent	ils/elles ont rompu	qu'ils/elles rompent
Imparfait	**Plus-que-parfait**	**Imparfait**
je rompais	j'avais rompu	que je rompisse
tu rompais	tu avais rompu	que tu rompisses
il/elle rompait	il/elle avait rompu	qu'il/elle rompît
nous rompions	nous avions rompu	que nous rompissions
vous rompiez	vous aviez rompu	que vous rompissiez
ils/elles rompaient	ils/elles avaient rompu	qu'ils/elles rompissent
Passé simple	**Passé antérieur**	**Passé**
je rompis	j'eus rompu	que j'aie rompu
tu rompis	tu eus rompu	que tu aies rompu
il/elle rompit	il/elle eut rompu	qu'il/elle ait rompu
nous rompîmes	nous eûmes rompu	que nous ayons rompu
vous rompîtes	vous eûtes rompu	que vous ayez rompu
ils/elles rompirent	ils/elles eurent rompu	qu'ils/elles aient rompu
Futur simple	**Futur antérieur**	**Plus-que-parfait**
je romprai	j'aurai rompu	que j'eusse rompu
tu rompras	tu auras rompu	que tu eusses rompu
il/elle rompra	il/elle aura rompu	qu'il/elle eût rompu
nous romprons	nous aurons rompu	que nous eussions rompu
vous romprez	vous aurez rompu	que vous eussiez rompu
ils/elles rompront	ils/elles auront rompu	qu'ils/elles eussent rompu
CONDITIONNEL		
Présent	**Passé 1ère forme**	**Passé 2ème forme**
je romprais	j'aurais rompu	j'eusse rompu
tu romprais	tu aurais rompu	tu eusses rompu
il/elle romprait	il/elle aurait rompu	il/elle/on eût rompu
nous romprions	nous aurions rompu	nous eussions rompu
vous rompriez	vous auriez rompu	vous eussiez rompu
ils/elles rompraient	ils/elles auraient rompu	ils/elles eussent rompu

IMPERATIF					
Présent			**Passé**		
romps	rompons	rompez	aie rompu	ayons rompu	ayez rompu

INFINITIF		PARTICIPE		
Présent	**Passé**	**Présent**	**Passé**	**Passé composé**
rompre	avoir rompu	rompant	rompu(e)(s)	ayant rompu

[41] VAINCRE-3ème GROUPE

Le **c** de l'infinitif se change en **qu** devant une voyelle autre que **u**.
Le verbe **convaincre** se conjugue de la même façon.

INDICATIF		SUBJONCTIF
Présent	**Passé composé**	**Présent**
je vain**c**s	j'ai vaincu	que je vain**qu**e
tu vain**c**s	tu as vaincu	que tu vain**qu**es
il/elle vain**c**	il/elle a vaincu	qu'il/elle vain**qu**e
nous vain**qu**ons	nous avons vaincu	que nous vain**qu**ions
vous vain**qu**ez	vous avez vaincu	que vous vain**qu**iez
ils/elles vain**qu**ent	ils/elles ont vaincu	qu'ils/elles vain**qu**ent
Imparfait	**Plus-que-parfait**	**Imparfait**
je vain**qu**ais	j'avais vaincu	que je vain**qu**isse
tu vain**qu**ais	tu avais vaincu	que tu vain**qu**isses
il/elle vain**qu**ait	il/elle avait vaincu	qu'il/elle vain**qu**ît
nous vain**qu**ions	nous avions vaincu	que nous vain**qu**issions
vous vain**qu**iez	vous aviez vaincu	que vous vain**qu**issiez
ils/elles vain**qu**aient	ils/elles avaient vaincu	qu'ils/elles vain**qu**issent
Passé simple	**Passé antérieur**	**Passé**
je vain**qu**is	j'eus vaincu	que j'aie vaincu
tu vain**qu**is	tu eus vaincu	que tu aies vaincu
il/elle vain**qu**it	il/elle eut vaincu	qu'il/elle ait vaincu
nous vain**qu**îmes	nous eûmes vaincu	que nous ayons vaincu
vous vain**qu**îtes	vous eûtes vaincu	que vous ayez vaincu
ils/elles vain**qu**irent	ils/elles eurent vaincu	qu'ils/elles aient vaincu
Futur simple	**Futur antérieur**	**Plus-que-parfait**
je vaincrai	j'aurai vaincu	que j'eusse vaincu
tu vaincras	tu auras vaincu	que tu eusses vaincu
il/elle vaincra	il/elle aura vaincu	qu'il/elle eût vaincu
nous vaincrons	nous aurons vaincu	que nous eussions vaincu
vous vaincrez	vous aurez vaincu	que vous eussiez vaincu
ils/elles vaincront	ils/elles auront vaincu	qu'ils/elles eussent vaincu
CONDITIONNEL		
Présent	**Passé 1ère forme**	**Passé 2ème forme**
je vaincrais	j'aurais vaincu	j'eusse vaincu
tu vaincrais	tu aurais vaincu	tu eusses vaincu
il/elle vaincrait	il/elle aurait vaincu	il/elle eût vaincu
nous vaincrions	nous aurions vaincu	nous eussions vaincu
vous vaincriez	vous auriez vaincu	vous eussiez vaincu
ils/elles vaincraient	ils/elles auraient vaincu	ils/elles eussent vaincu

IMPERATIF					
Présent			**Passé**		
vaincs	vain**qu**ons	vain**qu**ez	aie vaincu	ayons vaincu	ayez vaincu

INFINITIF		PARTICIPE		
Présent	**Passé**	**Présent**	**Passé**	**Passé composé**
vaincre	avoir vaincu	vain**qu**ant	vaincu(e)(s)	ayant vaincu

[42] BATTRE - 3ème GROUPE

Tous les verbes de la famille de battre se conjuguent sur ce modèle (**combattre**, **rabattre**, **abattre**, …)
Les verbes **foutre** et **contrefoutre** (familiers) aussi.

INDICATIF		SUBJONCTIF
Présent	**Passé composé**	**Présent**
je bats	j'ai battu	que je batte
tu bats	tu as battu	que tu battes
il/elle bat	il/elle a battu	qu'il/elle batte
nous battons	nous avons battu	que nous battions
vous battez	vous avez battu	que vous battiez
ils/elles battent	ils/elles ont battu	qu'ils/elles battent
Imparfait	**Plus-que-parfait**	**Imparfait**
je battais	j'avais battu	que je battisse
tu battais	tu avais battu	que tu battisses
il/elle battait	il/elle avait battu	qu'il/elle battît
nous battions	nous avions battu	que nous battissions
vous battiez	vous aviez battu	que vous battissiez
ils/elles battaient	ils/elles avaient battu	qu'ils/elles battissent
Passé simple	**Passé antérieur**	**Passé**
je battis	j'eus battu	que j'aie battu
tu battis	tu eus battu	que tu aies battu
il/elle battit	il/elle eut battu	qu'il/elle ait battu
nous battîmes	nous eûmes battu	que nous ayons battu
vous battîtes	vous eûtes battu	que vous ayez battu
ils/elles battirent	ils/elles eurent battu	qu'ils/elles aient battu
Futur simple	**Futur antérieur**	**Plus-que-parfait**
je battrai	j'aurai battu	que j'eusse battu
tu battras	tu auras battu	que tu eusses battu
il/elle battra	il/elle aura battu	qu'il/elle eût battu
nous battrons	nous aurons battu	que nous eussions battu
vous battrez	vous aurez battu	que vous eussiez battu
ils/elles battront	ils/elles auront battu	qu'ils/elles eussent battu
CONDITIONNEL		
Présent	**Passé 1ère forme**	**Passé 2ème forme**
je battrais	j'aurais battu	j'eusse battu
tu battrais	tu aurais battu	tu eusses battu
il/elle battrait	il/elle aurait battu	il/elle eût battu
nous battrions	nous aurions battu	nous eussions battu
vous battriez	vous auriez battu	vous eussiez battu
ils/elles battraient	ils/elles auraient battu	ils/elles eussent battu

IMPERATIF					
Présent			**Passé**		
bats	battons	battez	aie battu	ayons battu	ayez battu

INFINITIF		PARTICIPE		
Présent	**Passé**	**Présent**	**Passé**	**Passé composé**
battre	avoir battu	battant	battu(e)(s)	ayant battu

[43] METTRE - 3ème GROUPE

Tous les verbes de la famille de mettre se conjuguent de la même manière (**remettre, transmettre, commettre, …**)
Les formes du singulier présent de l'indicatif et de l'impératif ne prennent qu'un seul **t**.

INDICATIF		SUBJONCTIF
Présent	**Passé composé**	**Présent**
je mets	j'ai mis	que je mette
tu mets	tu as mis	que tu mettes
il/elle met	il/elle a mis	qu'il/elle mette
nous mettons	nous avons mis	que nous mettions
vous mettez	vous avez mis	que vous mettiez
ils/elles mettent	ils/elles ont mis	qu'ils/elles mettent
Imparfait	**Plus-que-parfait**	**Imparfait**
je mettais	j'avais mis	que je misse
tu mettais	tu avais mis	que tu misses
il/elle mettait	il/elle avait mis	qu'il/elle mît
nous mettions	nous avions mis	que nous missions
vous mettiez	vous aviez mis	que vous missiez
ils/elles mettaient	ils/elles avaient mis	qu'ils/elles missent
Passé simple	**Passé antérieur**	**Passé**
je mis	j'eus mis	que j'aie mis
tu mis	tu eus mis	que tu aies mis
il/elle mit	il/elle eut mis	qu'il/elle ait mis
nous mîmes	nous eûmes mis	que nous ayons mis
vous mîtes	vous eûtes mis	que vous ayez mis
ils/elles mirent	ils/elles eurent mis	qu'ils/elles aient mis
Futur simple	**Futur antérieur**	**Plus-que-parfait**
je mettrai	j'aurai mis	que j'eusse mis
tu mettras	tu auras mis	que tu eusses mis
il/elle mettra	il/elle aura mis	qu'il/elle eût mis
nous mettrons	nous aurons mis	que nous eussions mis
vous mettrez	vous aurez mis	que vous eussiez mis
ils/elles mettront	ils/elles auront mis	qu'ils/elles eussent mis
CONDITIONNEL		
Présent	**Passé 1ère forme**	**Passé 2ème forme**
je mettrais	j'aurais mis	j'eusse mis
tu mettrais	tu aurais mis	tu eusses mis
il/elle mettrait	il/elle aurait mis	il/elle eût mis
nous mettrions	nous aurions mis	nous eussions mis
vous mettriez	vous auriez mis	vous eussiez mis
ils/elles mettraient	ils/elles auraient mis	ils/elles eussent mis

IMPERATIF					
Présent			**Passé**		
mets	mettons	mettez	aie mis	ayons mis	ayez mis

INFINITIF		PARTICIPE		
Présent	**Passé**	**Présent**	**Passé**	**Passé composé**
mettre	avoir mis	mettant	mis(e)(s)	ayant mis

[44] CONNAÎTRE - 3ème GROUPE

Les verbes **paraître**, **paître** et leur famille se conjuguent comme connaître. Mais paître n'est pas employé aux temps composés, au passé simple, à l'imparfait du subjonctif.

Tous les verbes en **-aître** prennent un accent circonflexe sur le **i** du radical qui précède un **t**.

INDICATIF		SUBJONCTIF
Présent	**Passé composé**	**Présent**
je connais	j'ai connu	que je connaisse
tu connais	tu as connu	que tu connaisses
il/elle connaît	il/elle a connu	qu'il/elle connaisse
nous connaissons	nous avons connu	que nous connaissions
vous connaissez	vous avez connu	que vous connaissiez
ils/elles connaissent	ils/elles ont connu	qu'ils/elles connaissent
Imparfait	**Plus-que-parfait**	**Imparfait**
je connaissais	j'avais connu	que je connusse
tu connaissais	tu avais connu	que tu connusses
il/elle connaissait	il/elle avait connu	qu'il/elle connût
nous connaissions	nous avions connu	que nous connussions
vous connaissiez	vous aviez connu	que vous connussiez
ils/elles connaissaient	ils/elles avaient connu	qu'ils/elles connussent
Passé simple	**Passé antérieur**	**Passé**
je connus	j'eus connu	que j'aie connu
tu connus	tu eus connu	que tu aies connu
il/elle connut	il/elle eut connu	qu'il/elle ait connu
nous connûmes	nous eûmes connu	que nous ayons connu
vous connûtes	vous eûtes connu	que vous ayez connu
ils/elles connurent	ils/elles eurent connu	qu'ils/elles aient connu
Futur simple	**Futur antérieur**	**Plus-que-parfait**
je connaîtrai	j'aurai connu	que j'eusse connu
tu connaîtras	tu auras connu	que tu eusses connu
il/elle connaîtra	il/elle aura connu	qu'il/elle eût connu
nous connaîtrons	nous aurons connu	que nous eussions connu
vous connaîtrez	vous aurez connu	que vous eussiez connu
ils/elles connaîtront	ils/elles auront connu	qu'ils/elles eussent connu
CONDITIONNEL		
Présent	**Passé 1ère forme**	**Passé 2ème forme**
je connaîtrais	j'aurais connu	j'eusse connu
tu connaîtrais	tu aurais connu	tu eusses connu
il/elle connaîtrait	il/elle aurait connu	il/elle eût connu
nous connaîtrions	nous aurions connu	nous eussions connu
vous connaîtriez	vous auriez connu	vous eussiez connu
ils/elles connaîtraient	ils/elles auraient connu	ils/elles eussent connu

IMPERATIF					
Présent			**Passé**		
connais	connaissons	connaissez	aie connu	ayons connu	ayez connu

INFINITIF		PARTICIPE		
Présent	**Passé**	**Présent**	**Passé**	**Passé composé**
connaître	avoir connu	connaissant	connu(e)(s)	ayant connu

[45] PLAIRE-3ème GROUPE

Les verbes **complaire**, **déplaire** et **taire** se conjuguent de la même façon.

INDICATIF		SUBJONCTIF	
Présent	**Passé composé**	**Présent**	
je plais	j'ai plu	que je plaise	
tu plais	tu as plu	que tu plaises	
il/elle plaît	il/elle a plu	qu'il/elle plaise	
nous plaisons	nous avons plu	que nous plaisions	
vous plaisez	vous avez plu	que vous plaisiez	
ils/elles plaisent	ils/elles ont plu	qu'ils/elles plaisent	
Imparfait	**Plus-que-parfait**	**Imparfait**	
je plaisais	j'avais plu	que je plusse	
tu plaisais	tu avais plu	que tu plusses	
il/elle plaisait	il/elle avait plu	qu'il/elle plût	
nous plaisions	nous avions plu	que nous plussions	
vous plaisiez	vous aviez plu	que vous plussiez	
ils/elles plaisaient	ils/elles avaient plu	qu'ils/elles plussent	
Passé simple	**Passé antérieur**	**Passé**	
je plus	j'eus plu	que j'aie plu	
tu plus	tu eus plu	que tu aies plu	
il/elle plut	il/elle eut plu	qu'il/elle ait plu	
nous plûmes	nous eûmes plu	que nous ayons plu	
vous plûtes	vous eûtes plu	que vous ayez plu	
ils/elles plurent	ils/elles eurent plu	qu'ils/elles aient plu	
Futur simple	**Futur antérieur**	**Plus-que-parfait**	
je plairai	j'aurai plu	que j'eusse plu	
tu plairas	tu auras plu	que tu eusses plu	
il/elle plaira	il/elle aura plu	qu'il/elle eût plu	
nous plairons	nous aurons plu	que nous eussions plu	
vous plairez	vous aurez plu	que vous eussiez plu	
ils/elles plairont	ils/elles auront plu	qu'ils/elles eussent plu	
CONDITIONNEL			
Présent	**Passé 1ère forme**	**Passé 2ème forme**	
je plairais	j'aurais plu	j'eusse plu	
tu plairais	tu aurais plu	tu eusses plu	
il/elle plairait	il/elle aurait plu	il/elle eût plu	
nous plairions	nous aurions plu	nous eussions plu	
vous plairiez	vous auriez plu	vous eussiez plu	
ils/elles plairaient	ils/elles auraient plu	ils/elles eussent plu	
IMPERATIF			
Présent			**Passé**		
plais	plaisons	plaisez	aie plu	ayons plu	ayez plu

INFINITIF		PARTICIPE		
Présent	**Passé**	**Présent**	**Passé**	**Passé composé**
plaire	avoir plu	plaisant	plu	ayant plu

[46] BOIRE - 3ème GROUPE

Boire est le seul verbe à se conjuguer ainsi.

INDICATIF		SUBJONCTIF	
Présent	**Passé composé**	**Présent**	
je bois	j'ai bu	que je boive	
tu bois	tu as bu	que tu boives	
il/elle boit	il/elle a bu	qu'il/elle boive	
nous buvons	nous avons bu	que nous buvions	
vous buvez	vous avez bu	que vous buviez	
ils/elles boivent	ils/elles ont bu	qu'ils/elles boivent	
Imparfait	**Plus-que-parfait**	**Imparfait**	
je buvais	j'avais bu	que je busse	
tu buvais	tu avais bu	que tu busses	
il/elle buvait	il/elle avait bu	qu'il/elle bût	
nous buvions	nous avions bu	que nous bussions	
vous buviez	vous aviez bu	que vous bussiez	
ils/elles buvaient	ils/elles avaient bu	qu'ils/elles bussent	
Passé simple	**Passé antérieur**	**Passé**	
je bus	j'eus bu	que j'aie bu	
tu bus	tu eus bu	que tu aies bu	
il/elle but	il/elle eut bu	qu'il/elle ait bu	
nous bûmes	nous eûmes bu	que nous ayons bu	
vous bûtes	vous eûtes bu	que vous ayez bu	
ils/elles burent	ils/elles eurent bu	qu'ils/elles aient bu	
Futur simple	**Futur antérieur**	**Plus-que-parfait**	
je boirai	j'aurai bu	que j'eusse bu	
tu boiras	tu auras bu	que tu eusses bu	
il/elle boira	il/elle aura bu	qu'il/elle eût bu	
nous boirons	nous aurons bu	que nous eussions bu	
vous boirez	vous aurez bu	que vous eussiez bu	
ils/elles boiront	ils/elles auront bu	qu'ils/elles eussent bu	
CONDITIONNEL			
Présent	**Passé 1ère forme**	**Passé 2ème forme**	
je boirais	j'aurais bu	j'eusse bu	
tu boirais	tu aurais bu	tu eusses bu	
il/elle boirait	il/elle aurait bu	il/elle eût bu	
nous boirions	nous aurions bu	nous eussions bu	
vous boiriez	vous auriez bu	vous eussiez bu	
ils/elles boiraient	ils/elles auraient bu	ils/elles eussent bu	
IMPERATIF			
Présent		**Passé**	
bois	buvons	buvez	aie bu	ayons bu	ayez bu
INFINITIF		**PARTICIPE**	
Présent	**Passé**	**Présent**	**Passé**	**Passé composé**
boire	avoir bu	buvant	bu(e)(s)	ayant bu

[47] CROIRE-3ème GROUPE

Croire est le seul verbe à se conjuguer ainsi.

INDICATIF		SUBJONCTIF
Présent	**Passé composé**	**Présent**
je crois	j'ai cru	que je croie
tu crois	tu as cru	que tu croies
il/elle croit	il/elle a cru	qu'il/elle croie
nous croyons	nous avons cru	que nous croyions
vous croyez	vous avez cru	que vous croyiez
ils/elles croient	ils/elles ont cru	qu'ils/elles croient
Imparfait	**Plus-que-parfait**	**Imparfait**
je croyais	j'avais cru	que je crusse
tu croyais	tu avais cru	que tu crusses
il/elle croyait	il/elle avait cru	qu'il/elle crût
nous croyions	nous avions cru	que nous crussions
vous croyiez	vous aviez cru	que vous crussiez
ils/elles croyaient	ils/elles avaient cru	qu'ils/elles crussent
Passé simple	**Passé antérieur**	**Passé**
je crus	j'eus cru	que j'aie cru
tu crus	tu eus cru	que tu aies cru
il/elle crut	il/elle eut cru	qu'il/elle ait cru
nous crûmes	nous eûmes cru	que nous ayons cru
vous crûtes	vous eûtes cru	que vous ayez cru
ils/elles crurent	ils/elles eurent cru	qu'ils/elles aient cru
Futur simple	**Futur antérieur**	**Plus-que-parfait**
je croirai	j'aurai cru	que j'eusse cru
tu croiras	tu auras cru	que tu eusses cru
il/elle croira	il/elle aura cru	qu'il/elle eût cru
nous croirons	nous aurons cru	que nous eussions cru
vous croirez	vous aurez cru	que vous eussiez cru
ils/elles croiront	ils/elles auront cru	qu'ils/elles eussent cru
CONDITIONNEL		
Présent	**Passé 1ère forme**	**Passé 2ème forme**
je croirais	j'aurais cru	j'eusse cru
tu croirais	tu aurais cru	tu eusses cru
il/elle croirait	il/elle aurait cru	il/elle eût cru
nous croirions	nous aurions cru	nous eussions cru
vous croiriez	vous auriez cru	vous eussiez cru
ils/elles croiraient	ils/elles auraient cru	ils/elles eussent cru

IMPERATIF					
Présent			**Passé**		
crois	croyons	croyez	aie cru	ayons cru	ayez cru

INFINITIF		PARTICIPE		
Présent	**Passé**	**Présent**	**Passé**	**Passé composé**
croire	avoir cru	croyant	cru(e)(s)	ayant cru

[48] FAIRE-3ème GROUPE

Le verbe faire et les verbes de sa famille (**refaire**, **défaire**, …) ont leur 2ème personne du pluriel du présent de l'indicatif et de l'impératif en **-tes**, et non en **-ez**.

INDICATIF		SUBJONCTIF
Présent	**Passé composé**	**Présent**
je fais	j'ai fait	que je fasse
tu fais	tu as fait	que tu fasses
il/elle fait	il/elle a fait	qu'il/elle fasse
nous faisons	nous avons fait	que nous fassions
vous **faites**	vous avez fait	que vous fassiez
ils/elles font	ils/elles ont fait	qu'ils/elles fassent
Imparfait	**Plus-que-parfait**	**Imparfait**
je faisais	j'avais fait	que je fisse
tu faisais	tu avais fait	que tu fisses
il/elle faisait	il/elle avait fait	qu'il/elle fît
nous faisions	nous avions fait	que nous fissions
vous faisiez	vous aviez fait	que vous fissiez
ils/elles faisaient	ils/elles avaient fait	qu'ils/elles fissent
Passé simple	**Passé antérieur**	**Passé**
je fis	j'eus fait	que j'aie fait
tu fis	tu eus fait	que tu aies fait
il/elle fit	il/elle eut fait	qu'il/elle ait fait
nous fîmes	nous eûmes fait	que nous ayons fait
vous fîtes	vous eûtes fait	que vous ayez fait
ils/elles firent	ils/elles eurent fait	qu'ils/elles aient fait
Futur simple	**Futur antérieur**	**Plus-que-parfait**
je ferai	j'aurai fait	que j'eusse fait
tu feras	tu auras fait	que tu eusses fait
il/elle fera	il/elle aura fait	qu'il/elle eût fait
nous ferons	nous aurons fait	que nous eussions fait
vous ferez	vous aurez fait	que vous eussiez fait
ils/elles feront	ils/elles auront fait	qu'ils/elles eussent fait
CONDITIONNEL		
Présent	**Passé 1ère forme**	**Passé 2ème forme**
je ferais	j'aurais fait	j'eusse fait
tu ferais	tu aurais fait	tu eusses fait
il/elle ferait	il/elle aurait fait	il/elle eût fait
nous ferions	nous aurions fait	nous eussions fait
vous feriez	vous auriez fait	vous eussiez fait
ils/elles feraient	ils/elles auraient fait	ils/elles eussent fait

IMPERATIF					
Présent			**Passé**		
fais	faisons	**faites**	aie fait	ayons fait	ayez fait

INFINITIF		PARTICIPE		
Présent	**Passé**	**Présent**	**Passé**	**Passé composé**
faire	avoir fait	faisant	fait(e)(s)	ayant fait

[49] SUIVRE -3ème GROUPE

Les verbes **poursuivre** et **s'ensuivre** se conjuguent sur ce modèle.

INDICATIF		SUBJONCTIF
Présent	**Passé composé**	**Présent**
je suis	j'ai suivi	que je suive
tu suis	tu as suivi	que tu suives
il/elle suit	il/elle a suivi	qu'il/elle suive
nous suivons	nous avons suivi	que nous suivions
vous suivez	vous avez suivi	que vous suiviez
ils/elles suivent	ils/elles ont suivi	qu'ils/elles suivent
Imparfait	**Plus-que-parfait**	**Imparfait**
je suivais	j'avais suivi	que je suivisse
tu suivais	tu avais suivi	que tu suivisses
il/elle suivait	il/elle avait suivi	qu'il/elle suivît
nous suivions	nous avions suivi	que nous suivissions
vous suiviez	vous aviez suivi	que vous suivissiez
ils/elles suivaient	ils/elles avaient suivi	qu'ils/elles suivissent
Passé simple	**Passé antérieur**	**Passé**
je suivis	j'eus suivi	que j'aie suivi
tu suivis	tu eus suivi	que tu aies suivi
il/elle suivit	il/elle eut suivi	qu'il/elle ait suivi
nous suivîmes	nous eûmes suivi	que nous ayons suivi
vous suivîtes	vous eûtes suivi	que vous ayez suivi
ils/elles suivirent	ils/elles eurent suivi	qu'ils/elles aient suivi
Futur simple	**Futur antérieur**	**Plus-que-parfait**
je suivrai	j'aurai suivi	que j'eusse suivi
tu suivras	tu auras suivi	que tu eusses suivi
il/elle suivra	il/elle aura suivi	qu'il/elle eût suivi
nous suivrons	nous aurons suivi	que nous eussions suivi
vous suivrez	vous aurez suivi	que vous eussiez suivi
ils/elles suivront	ils/elles auront suivi	qu'ils/elles eussent suivi
CONDITIONNEL		
Présent	**Passé 1ère forme**	**Passé 2ème forme**
je suivrais	j'aurais suivi	j'eusse suivi
tu suivrais	tu aurais suivi	tu eusses suivi
il/elle suivrait	il/elle aurait suivi	il/elle/on eût suivi
nous suivrions	nous aurions suivi	nous eussions suivi
vous suivriez	vous auriez suivi	vous eussiez suivi
ils/elles suivraient	ils/elles auraient suivi	ils/elles eussent suivi

IMPERATIF					
Présent			**Passé**		
suis	suivons	suivez	aie suivi	ayons suivi	ayez suivi

INFINITIF		PARTICIPE		
Présent	**Passé**	**Présent**	**Passé**	**Passé composé**
suivre	avoir suivi	suivant	suivi(e)(s)	ayant suivi

[50] VIVRE -3ème GROUPE

Les verbes **revivre** et **survivre** se conjuguent sur ce modèle. Mais le participe passé **survécu** est invariable.

INDICATIF		SUBJONCTIF	
Présent		**Passé composé**	**Présent**
je vis		j'ai vécu	que je vive
tu vis		tu as vécu	que tu vives
il/elle vit		il/elle a vécu	qu'il/elle vive
nous vivons		nous avons vécu	que nous vivions
vous vivez		vous avez vécu	que vous viviez
ils/elles vivent		ils/elles ont vécu	qu'ils/elles vivent
Imparfait		**Plus-que-parfait**	**Imparfait**
je vivais		j'avais vécu	que je vécusse
tu vivais		tu avais vécu	que tu vécusses
il/elle vivait		il/elle avait vécu	qu'il/elle vécût
nous vivions		nous avions vécu	que nous vécussions
vous viviez		vous aviez vécu	que vous vécussiez
ils/elles vivaient		ils/elles avaient vécu	qu'ils/elles vécussent
Passé simple		**Passé antérieur**	**Passé**
je vécus		j'eus vécu	que j'aie vécu
tu vécus		tu eus vécu	que tu aies vécu
il/elle vécut		il/elle eut vécu	qu'il/elle ait vécu
nous vécûmes		nous eûmes vécu	que nous ayons vécu
vous vécûtes		vous eûtes vécu	que vous ayez vécu
ils/elles vécurent		ils/elles eurent vécu	qu'ils/elles aient vécu
Futur simple		**Futur antérieur**	**Plus-que-parfait**
je vivrai		j'aurai vécu	que j'eusse vécu
tu vivras		tu auras vécu	que tu eusses vécu
il/elle vivra		il/elle aura vécu	qu'il/elle eût vécu
nous vivrons		nous aurons vécu	que nous eussions vécu
vous vivrez		vous aurez vécu	que vous eussiez vécu
ils/elles vivront		ils/elles auront vécu	qu'ils/elles eussent vécu
CONDITIONNEL			
Présent		**Passé 1ère forme**	**Passé 2ème forme**
je vivrais		j'aurais vécu	j'eusse vécu
tu vivrais		tu aurais vécu	tu eusses vécu
il/elle vivrait		il/elle aurait vécu	il/elle eût vécu
nous vivrions		nous aurions vécu	nous eussions vécu
vous vivriez		vous auriez vécu	vous eussiez vécu
ils/elles vivraient		ils/elles auraient vécu	ils/elles eussent vécu
IMPERATIF			
Présent		**Passé**	
vis	vivons	vivez	aie vécu	ayons vécu	ayez vécu
INFINITIF		PARTICIPE	
Présent	**Passé**	**Présent**	**Passé**	**Passé composé**
vivre	avoir vécu	vivant	vécu(e)(s)	ayant vécu

[51] RECEVOIR -3ème GROUPE

Tous les verbes se terminant par **-cevoir** ont la même conjugaison (**apercevoir, concevoir, décevoir**, …)
Ils prennent une cédille devant **u** et **o** pour garder le son [s]

INDICATIF		SUBJONCTIF	
Présent	**Passé composé**	**Présent**	
je reçois	j'ai reçu	que je reçoive	
tu reçois	tu as reçu	que tu reçoives	
il/elle reçoit	il/elle a reçu	qu'il/elle reçoive	
nous recevons	nous avons reçu	que nous recevions	
vous recevez	vous avez reçu	que vous receviez	
ils/elles reçoivent	ils/elles ont reçu	qu'ils/elles reçoivent	
Imparfait	**Plus-que-parfait**	**Imparfait**	
je recevais	j'avais reçu	que je reçusse	
tu recevais	tu avais reçu	que tu reçusses	
il/elle recevait	il/elle avait reçu	qu'il/elle reçût	
nous recevions	nous avions reçu	que nous reçussions	
vous receviez	vous aviez reçu	que vous reçussiez	
ils/elles recevaient	ils/elles avaient reçu	qu'ils/elles reçussent	
Passé simple	**Passé antérieur**	**Passé**	
je reçus	j'eus reçu	que j'aie reçu	
tu reçus	tu eus reçu	que tu aies reçu	
il/elle reçut	il/elle eut reçu	qu'il/elle ait reçu	
nous reçûmes	nous eûmes reçu	que nous nous reçu	
vous reçûtes	vous eûtes reçu	que vous vous reçu	
ils/elles reçurent	ils/elles eurent reçu	qu'ils/elles aient reçu	
Futur simple	**Futur antérieur**	**Plus-que-parfait**	
je recevrai	j'aurai reçu	que j'eusse reçu	
tu recevras	tu auras reçu	que tu eusses reçu	
il/elle recevra	il/elle aura reçu	qu'il/elle eût reçu	
nous recevrons	nous aurons reçu	que nous eussions reçu	
vous recevrez	vous aurez reçu	que vous eussiez reçu	
ils/elles recevront	ils/elles auront reçu	qu'ils/elles eussent reçu	
CONDITIONNEL			
Présent	**Passé 1ère forme**	**Passé 2ème forme**	
je recevrais	j'aurais reçu	j'eusse reçu	
tu recevrais	tu aurais reçu	tu eusses reçu	
il/elle recevrait	il/elle aurait reçu	il/elle eût reçu	
nous recevrions	nous aurions reçu	nous eussions reçu	
vous recevriez	vous auriez reçu	vous eussiez reçu	
ils/elles recevraient	ils/elles auraient reçu	ils/elles eussent reçu	
IMPERATIF			
Présent		**Passé**	
reçois	recevons	recevez	aie reçu	ayons reçu	ayez reçu
INFINITIF		**PARTICIPE**	
Présent	**Passé**	**Présent**	**Passé**	**Passé composé**
recevoir	avoir reçu	recevant	reçu(e)(s)	ayant reçu

[52] VOIR -3ème GROUPE

Les verbes **entrevoir** et **revoir** se conjuguent sur ce modèle.

INDICATIF		SUBJONCTIF	
Présent		**Passé composé**	**Présent**
je vois		j'ai vu	que je voie
tu vois		tu as vu	que tu voies
il/elle voit		il/elle a vu	qu'il/elle voie
nous voyons		nous avons vu	que nous voyions
vous voyez		vous avez vu	que vous voyiez
ils/elles voient		ils/elles ont vu	qu'ils/elles voient
Imparfait		**Plus-que-parfait**	**Imparfait**
je voyais		j'avais vu	que je visse
tu voyais		tu avais vu	que tu visses
il/elle voyait		il/elle avait vu	qu'il/elle vît
nous voyions		nous avions vu	que nous vissions
vous voyiez		vous aviez vu	que vous vissiez
ils/elles voyaient		ils/elles avaient vu	qu'ils/elles vissent
Passé simple		**Passé antérieur**	**Passé**
je vis		j'eus vu	que j'aie vu
tu vis		tu eus vu	que tu aies vu
il/elle vit		il/elle/on eut vu	qu'il/elle ait vu
nous vîmes		nous eûmes vu	que nous nous vu
vous vîtes		vous eûtes vu	que vous vous vu
ils/elles virent		ils/elles eurent vu	qu'ils/elles aient vu
Futur simple		**Futur antérieur**	**Plus-que-parfait**
je **verrai**		j'aurai vu	que j'eusse vu
tu **verras**		tu auras vu	que tu eusses vu
il/elle **verra**		il/elle aura vu	qu'il/elle eût vu
nous **verrons**		nous aurons vu	que nous eussions vu
vous **verrez**		vous aurez vu	que vous eussiez vu
ils/elles **verront**		ils/elles auront vu	qu'ils/elles eussent vu
CONDITIONNEL			
Présent		**Passé 1ère forme**	**Passé 2ème forme**
je **verrais**		j'aurais vu	j'eusse vu
tu **verrais**		tu aurais vu	tu eusses vu
il/elle **verrait**		il/elle aurait vu	il/elle eût vu
nous **verrions**		nous aurions vu	nous eussions vu
vous **verriez**		vous auriez vu	vous eussiez vu
ils/elles **verraient**		ils/elles auraient vu	ils/elles eussent vu

IMPERATIF					
Présent			**Passé**		
vois	voyons	voyez	aie vu	ayons vu	ayez vu

INFINITIF		PARTICIPE		
Présent	**Passé**	**Présent**	**Passé**	**Passé composé**
voir	avoir vu	voyant	vu(e)(s)	ayant vu

2) Tableau de conjugaison du verbe pronominal « se moquer »

Se moquer est un verbe essentiellement pronominal avec **s'évanouir, se souvenir, se réfugier, se blottir, s'écrouler, s'emparer,** …
Un verbe à la forme pronominale ne peut pas se conjuguer à l'impératif passé.
Le verbe se moquer est un verbe du 1er groupe. Il se conjugue avec l'auxiliaire être et s'accorde en genre et en nombre avec le sujet.

INDICATIF		SUBJONCTIF
Présent	**Passé composé**	**Présent**
je me moque	je me suis moqué(e)	que je me moque
tu te moques	tu t'es moqué(e)	que tu te moques
il/elle se moque	il/elle s'est moqué(e)	qu'il/elle se moque
nous nous moquons	nous nous sommes moqué(e)s	que nous nous moquions
vous vous moquez	vous vous êtes moqué(e)(s)	que vous vous moquiez
ils/elles se moquent	ils/elles se sont moqué(e)s	qu'ils/elles se moquent
Imparfait	**Plus-que-parfait**	**Imparfait**
je me moquais	je m'étais moqué(e)	que je me moqu**asse**
tu te moquais	tu t'étais moqué(e)	que tu te moqu**asses**
il/elle se moquait	il/elle s'était moqué(e)	qu'il/elle se moqu**ât**
nous nous moquions	nous nous étions moqué(e)s	que nous nous moqu**assions**
vous vous moquiez	vous vous étiez moqué(e)(s)	que vous vous moqu**assiez**
ils/elles se moquaient	ils/elles s'étaient moqué(e)s	qu'ils/elles se moqu**assent**
Passé simple	**Passé antérieur**	**Passé**
je me moquai	je me fus moqué(e)	que je me sois moqué(e)
tu te moquas	tu te fus moqué(e)	que tu te sois moqué(e)
il/elle se moqua	il/elle se fut moqué(e)	qu'il/elle se soit moqué(e)
nous nous moquâmes	nous nous fûmes moqué(e)**s**	que nous nous soyons moqué(e)**s**
vous vous moquâtes	vous vous fûtes moqué(e)(**s**)	que vous vous soyez moqué(e)(**s**)
ils/elles se moquèrent	ils/elles se furent moqué(e)**s**	qu'ils/elles se soient moqué(e)**s**
Futur simple	**Futur antérieur**	**Plus-que-parfait**
je me moquerai	je me serai moqué(e)	que je me fusse moqué(e)
tu te moqueras	tu te seras moqué(e)	que tu te fusses moqué(e)
il/elle se moquera	il/elle se sera moqué(e)	qu'il/elle se fût moqué(e)
nous nous moquerons	nous nous serons moqué(e)**s**	que nous nous fussions moqué(e)**s**
vous vous moquerez	vous vous serez moqué(e)(**s**)	que vous vous fussiez moqué(e)(**s**)
ils/elles se moqueront	ils/elles se seront moqué(e)**s**	qu'ils/elles se fussent moqué(e)**s**
CONDITIONNEL		
Présent	**Passé 1ère forme**	**Passé 2ème forme**
je me moquerais	je me serais moqué(e)	je me fusse moqué(e)
tu te moquerais	tu te serais moqué(e)	tu te fusses moqué(e)
il/elle se moquerait	il/elle se serait moqué(e)	il/elle se fût moqué(e)
nous nous moquerions	nous nous serions moqué(e)s	nous nous fussions moqué(e)s
vous vous moqueriez	vous vous seriez moqué(e)(s)	vous vous fussiez moqué(e)(s)
ils/elles se moqueraient	ils/elles se seraient moqué(e)s	ils/elles se fussent moqué(e)s

IMPERATIF				
Présent			**Passé**	
moque-toi	moquons-nous	moquez-vous		

INFINITIF		PARTICIPE		
Présent	**Passé**	**Présent**	**Passé**	**Passé composé**
se moquer	s'être moqué	se moquant	moqué(e)(s)	s'étant moqué

3) Tableau de conjugaison du verbe « aimer » à la voix passive

Le verbe **aimer** est un verbe transitif du 1er groupe.

INDICATIF		SUBJONCTIF	
Présent	**Passé composé**	**Présent**	
je suis aimé(e)	j'ai été aimé(e)	que je sois aimé(e)	
tu es aimé(e)	tu as été aimé(e)	que tu sois aimé(e)	
il/elle est aimé(e)	il/elle a été aimé(e)	qu'il/elle soit aimé(e)	
nous sommes aimé(e)s	nous avons été aimé(e)s	que nous soyons aimé(e)s	
vous êtes aimé(e)s	vous avez été aimé(e)(s)	que vous soyez aimé(e)(s)	
ils/elles se sont aimé(e)s	ils/elles ont été aimé(e)s	qu'ils/elles soient aimé(e)s	
Imparfait	**Plus-que-parfait**	**Imparfait**	
j'étais aimé(e)	j'avais été aimé(e)	que je fusse aimé(e)	
tu étais aimé(e)	tu avais été aimé(e)	que tu fusses aimé(e)	
il/elle était aimé(e)	il/elle avait été aimé(e)	qu'il/elle fût aimé(e)	
nous étions aimé(e)s	nous avions été aimé(e)s	que nous fussions aimé(e)s	
vous étiez aimé(e)s	vous aviez été aimé(e)(s)	que vous fussiez aimé(e)(s)	
ils/elles étaient aimé(e)s	ils/elles avaient été aimé(e)s	qu'ils/elles fussent aimé(e)s	
Passé simple	**Passé antérieur**	**Passé**	
je fus aimé(e)	j'eus été aimé(e)	que j'aie été aimé(e)	
tu fus aimé(e)	tu eus été aimé(e)	que tu aies été aimé(e)	
il/elle fut aimé(e)	il/elle eut été aimé(e)	qu'il/elle ait été aimé(e)	
nous fûmes aimé(e)s	nous eûmes été aimé(e)s	que nous ayons été aimé(e)s	
vous fûtes aimé(e)s	vous eûtes été aimé(e)(s)	que vous ayez été aimé(e)(s)	
ils/elles furent aimé(e)s	ils/elles eurent été aimé(e)s	qu'ils/elles aient été aimé(e)s	
Futur simple	**Futur antérieur**	**Plus-que-parfait**	
je serai aimé(e)	j'aurai été aimé(e)	que j'eusse été aimé(e)	
tu seras aimé(e)	tu auras été aimé(e)	que tu eusses été aimé(e)	
il/elle sera aimé(e)	il/elle aura été aimé(e)	qu'il/elle eût été aimé(e)	
nous serons aimé(e)s	nous aurons été aimé(e)s	que nous eussions été aimé(e)s	
vous serez aimé(e)s	vous aurez été aimé(e)(s)	que vous eussiez été aimé(e)(s)	
ils/elles seront aimé(e)s	ils/elles auront été aimé(e)s	qu'ils/elles eussent été aimé(e)s	
CONDITIONNEL			
Présent	**Passé 1ère forme**	**Passé 2ème forme**	
je serais aimé(e)	j'aurais été aimé(e)	j'eusse été aimé(e)	
tu serais aimé(e)	tu aurais été aimé(e)	tu eusses été aimé(e)	
il/elle serait aimé(e)	il/elle aurait été aimé(e)	il/elle eût été aimé(e)	
nous serions aimé(e)s	nous aurions été aimé(e)s	nous eussions été aimé(e)s	
vous seriez aimé(e)s	vous auriez été aimé(e)(s)	vous eussiez été aimé(e)(s)	
ils/elles seraient aimé(e)s	ils/elles auraient été aimé(e)s	ils/elles eussent été aimé(e)s	

IMPERATIF					
Présent			**Passé**		
sois aimé(e)	soyons aimé(e)s	soyez aimé(e)s	aie été aimé(e)	ayons été aimé(e)s	ayez été aimé(e)s

INFINITIF		PARTICIPE		
Présent	**Passé**	**Présent**	**Passé**	**Passé composé**
être aimé	avoir été aimé	étant aimé	aimé(e)(s)	ayant été aimé

4) Tableau de conjugaison du verbe « aimer » à la forme interrogative

Les verbes ne peuvent se conjuguer interrogativement qu'au mode indicatif et au mode conditionnel.

INDICATIF		SUBJONCTIF
Présent	**Passé composé**	**Présent**
aimé-je ?	ai-je aimé ?	
aimes-tu ?	as-tu aimé ?	
aime-t-il(elle) ?	a-t-il(elle) aimé ?	
aimons-nous ?	avons-nous aimé ?	
aimez-vous ?	avez-vous aimé ?	
aiment-ils(elles) ?	ont-ils(elles) aimé ?	
Imparfait	**Plus-que-parfait**	**Imparfait**
aimais-je ?	avais-je aimé ?	
aimais-tu ?	avais-tu aimé ?	
aimait-il(elle) ?	avait-il(elle) aimé ?	
aimions-nous ?	avions-nous aimé ?	
aimiez-vous ?	aviez-vous aimé ?	
aimaient-ils(elles) ?	avaient-ils(elles) aimé ?	
Passé simple	**Passé antérieur**	**Passé**
aimai-je ?	eus-je aimé ?	
aimas-tu ?	eus-tu aimé ?	
aima-t-il(elle) ?	eut-il(elle) aimé ?	
aimâmes-nous ?	eûmes-nous aimé ?	
aimâtes-vous ?	eûtes-vous aimé ?	
aimèrent-ils(elles) ?	eurent-ils(elles) aimé ?	
Futur simple	**Futur antérieur**	**Plus-que-parfait**
aimerai-je ?	aurai-je aimé ?	
aimeras-tu ?	auras-tu aimé ?	
aimera-t-il(elle) ?	aura-t-il(elle) aimé ?	
aimerons-nous ?	aurons-nous aimé ?	
aimerez-vous ?	aurez-vous aimé ?	
aimeront-ils(elles) ?	auront-ils(elles) aimé ?	
CONDITIONNEL		
Présent	**Passé 1ère forme**	**Passé 2ème forme**
aimerais-je ?	aurais-je aimé ?	eussé-je aimé ?
aimerais-tu ?	aurais-tu aimé ?	eusses-tu aimé ?
aimerait-il(elle) ?	aurait-il(elle) aimé ?	eût-il(elle) aimé ?
aimerions-nous ?	aurions-nous aimé ?	eussions-nous aimé ?
aimeriez-vous ?	auriez-vous aimé ?	eussiez-vous aimé ?
aimeraient-ils(elles) ?	auraient-ils(elles) aimé ?	eussent-ils(elles) aimé ?

IMPERATIF	
Présent	**Passé**

INFINITIF		PARTICIPE		
Présent	**Passé**	**Présent**	**Passé**	**Passé composé**
aimer	avoir aimé	aimant	aimé(e)(s)	ayant aimé

Remerciements

Merci d'avoir lu "Grammaire française – Guide complet : Apprendre la grammaire française"

J'espère que vous avez pris du plaisir à découvrir les subtilités de notre belle langue.

Si ce livre a répondu à vos attentes, vous pouvez laisser un commentaire positif, les avis sont très utiles pour les auteurs indépendants comme moi et cela ne vous prendra qu'une minute !